ESTADO DE SÍTIO

OBRAS DO AUTOR PUBLICADAS PELA EDITORA RECORD

Romance
O estrangeiro
A morte feliz
A peste
O primeiro homem
A queda

Contos
O exílio e o reino

Teatro
Estado de sítio

Ensaio
O avesso e o direito
Bodas em Tipasa
Conferências e discursos – 1937 -1958
O homem revoltado
A inteligência e o cadafalso
O mito de Sísifo
Reflexões sobre a guilhotina

Memórias
Diário de viagem

Coletânea
Camus, o viajante

ALBERT CAMUS
ESTADO DE SÍTIO

TRADUÇÃO DE
ALCIONE ARAÚJO E PEDRO HUSSAK

5ª edição

EDITORA RECORD
RIO DE JANEIRO • SÃO PAULO
2025

CIP-BRASIL. CATALOGAÇÃO NA FONTE
SINDICATO NACIONAL DOS EDITORES DE LIVROS, RJ.

C218e
5ª ed.

Camus, Albert, 1913-1960
    Estado de sítio / Albert Camus; tradução de Alcione Araújo,
Pedro Hussak. – 5ª ed. – Rio de Janeiro: Record, 2025.
240 p.; 21 cm.

Tradução de: L'Etat de Siège
ISBN 978-85-01-11167-8

1. Teatro francês (Literatura). I. Araújo, Alcione. II. Hussak, Pedro.
III. Título.

17-45854

CDD: 842
CDU: 821.133.1-2

Título original:
L'Etat de Siège

Copyright © Éditions Gallimard 1948

Texto revisado segundo o Acordo Ortográfico da Língua Portuguesa de 1990.

Todos os direitos reservados. Proibida a reprodução, no todo ou em parte, através de quaisquer meios. Os direitos morais do autor foram assegurados.

Direitos exclusivos de publicação em língua portuguesa somente para o Brasil adquiridos pela
EDITORA RECORD LTDA.
Rua Argentina, 171 – Rio de Janeiro, RJ – 20921-380 – Tel.: (21) 2585-2000, que se reserva a propriedade literária desta tradução.

Impresso no Brasil

ISBN 978-85-01-11167-8

Seja um leitor preferencial Record.
Cadastre-se no site www.record.com.br e receba
informações sobre nossos lançamentos e nossas promoções.

Atendimento e venda direta ao leitor:
sac@record.com.br

Sumário

PREFÁCIO DE PIERRE-LOUIS REY ... 7

NOTA ... 25

PRIMEIRA PARTE ... 31

SEGUNDA PARTE ... 91

TERCEIRA PARTE ... 157

DOSSIÊ ... 197

   CRONOLOGIA ... 199

      Estado de sítio em cena ... 205

      Estado de sítio diante da crítica ... 213

   DOCUMENTOS:

      Por que a Espanha? (Resposta de Albert Camus a Gabriel Marcel) ... 221

      Testemunho de Jean-Louis Barrault ... 231

BIBLIOGRAFIA ... 235

Prefácio

Para Jacques Copeau, "uma obra dramática deveria reunir, e não dividir, em uma mesma emoção ou em um único riso, os espectadores presentes".[1] Esta interação, que Camus já buscara em *Révolte dans les Asturies* (1936), peça escrita em colaboração com três amigos e que visava a integrar o público à ação, ele deseja encontrar de outra maneira quando escreve, com a colaboração de Jean-Louis Barrault, *Estado de sítio*. Este "espetáculo em três partes" apresenta em cena, particularmente graças ao Coro, a coletividade de uma cidade, e invoca a participação, ainda que silenciosa, da plateia. Representada pela primeira vez no Théâtre Marigny, em Paris, a 27 de outubro de 1948, o "espetáculo" dividiu muito pouco: obtém "sem esforço a unanimidade da crítica. Certamente, poucas peças foram alvo de uma crítica negativa tão completa".[2] "É um fiasco", confessou Camus a Jean Grenier, em 15 de janeiro de 1949, enquanto sua

---

1. Camus, "Copeau, seul maître", em *Théâtre, récits, nouvelles*, Pléiade, p.1699.
2. Camus, Prefácio à edição americana do teatro (1958), ibid., 1732.

peça, após 23 apresentações, tinha sido retirada de cartaz. Será que ela chegou tarde demais?

"Montada e encenada no calor da libertação", esta alegoria da resistência à ditadura poderia ter suscitado mais fervor.[3]

A iniciativa da obra remete a Jean-Louis Barrault que tinha o projeto de escrever uma adaptação teatral do *O diário do Ano da Peste*, de Daniel Defoe, inspirado nos princípios de Antonin Artaud. Em *Le Théâtre et son double*, publicado em 1938, consta, com efeito, um ensaio intitulado "O Teatro e a Peste", no qual Artaud escreve: "assim como a peste, o teatro é feito para lancetar coletivamente abscessos [...]. O teatro, como a peste, é uma crise que se resolve pela morte ou pela cura. E a peste é um mal superior porque ela é uma crise completa, à qual não sobra nada senão a morte ou uma extrema purificação. Também o teatro é um mal porque é o equilíbrio supremo que não se adquire sem destruição."[4]

Camus e Barrault se conheceram durante a guerra. Uma reflexão escrita por Camus, em 1941, leva a crer que eles tenham encontrado afinidades em Artaud: "O corpo no teatro: todo teatro francês contemporâneo (salvo Barrault) o esqueceu."[5] A propósito de *Autour d'une mère*, "ação dramática" de Jean-Louis Barrault, Artaud, por sua vez, escrevera: "Seu espetáculo prova a ação irresistível do gesto, demonstra vitoriosamente a importância do

---

3. É o caso do aviso de Victor-Henry Debidour na sua resenha no *Bulletin des Lettres*, fevereiro de 1949, n° 105, citado por Michel Autrand, "L'État de siège ou le rêve de la Ville au théâtre", em *Albert Camus et le théâtre*, p. 60.
4. *Le Théâtre et son double*, Folio-Essais, pp. 45–46.
5. *Carnets*, I, p. 237.

gesto e do momento no espaço."⁶ Camus sondou Barrault para que ele interpretasse o papel de Calígula. Este não pôde aceitar em razão de compromissos anteriores, mas certamente apreciou o talento de Camus como encenador em 19 de março de 1944, durante uma representação em câmera, na casa de Michel Leiris, de *Désir attrapé par la queue*, de Picasso.⁷ O sucesso arrebatador de *A peste*, publicado em junho de 1947, sem dúvida, estimulou Barrault a pedir a colaboração de Camus para seu projeto. Esta colaboração fracassou, como é sabido. Barrault analisou os motivos:⁸ ele desejava elucidar os princípios de Artaud, enquanto Camus pendia para Aristófanes; no momento em que ele consentiu a orientação do espetáculo para a farsa, apareceu a vontade de Camus de permanecer fiel a "um certo mistério trágico". Sobretudo, enquanto Barrault considerava a praga um fenômeno salvador, o autor de *A peste*, resistente e militante no *Combat*, não poderia concebê-la de outra maneira senão como um símbolo do mal. Mesmo correndo o risco de dar subsídios àqueles que julgam o conjunto da obra de Camus como sendo coberto de boas intenções, é possível dizer que ao discípulo fiel de Artaud se opunha o filósofo e moralista. A peça, que já estava a perigo pela inspiração diversa dos seus dois autores, tinha mais a perder do que a ganhar, quando se acrescentaram as colaborações conceituadas, mas excêntricas, de Honegger para a música e de Balthus para os cenários.

---

6. Artigo publicado na *Nouvelle Revue Française* de 1º de julho de 1935, copilado em *Le Théâtre et son double*, p. 218.
7. Cf. Olivier Todd, *Camus*, p. 338.
8. Cf. Testemunho de Jean-Louis Barrault.

Diferentemente de *Calígula* e de *O mal-entendido*, *Estado de sítio* teve que ser escrita rapidamente, e o título definitivo foi encontrado um pouco antes da representação. "Título da peça. *A Inquisição em Cádiz*. Epígrafe: 'A Inquisição e a Sociedade são as duas pragas da verdade.' Pascal", escreve Camus durante o verão de 1948.[9] A longa preparação de *A peste* (estudo dos sintomas da doença e das atitudes que ela desencadeia nos habitantes de uma cidade, reflexão sobre o flagelo do totalitarismo) serviu para a peça, a ponto de ela aparecer, apesar da negativa de Camus,[10] como uma adaptação do romance.

É possível ler a expressão "estado de sítio" na terceira parte de *A peste*,[11] cuja ação se desenrola, como a da peça, em uma vila marítima, e o mar oferece, nos dois casos, uma escapatória possível aos sitiados. A epidemia surge nos bairros populares antes de alcançar o centro da cidade. Este deslocamento, observação de tom neutro em *A peste*, alimenta, por algum tempo, em *Estado de sítio*, o consolo covarde do Primeiro Alcaide. Alguns episódios se repetem em uma e outra obra: o comediante que cai brutalmente, na primeira parte da peça, lembra o cantor que, após alguns sinais de doença anunciada, tomba no meio do terceiro ato de *Orfeu e Eurídice*.[12] Do romance ao teatro, vários papéis secundários se simplificaram. Se o Juiz ("Reze para que Deus perdoe seus pecados") e o Cura ("Chegou a punição") são reunidos para assumir as imprecações do padre Paneloux, este se beneficiava, graças à duração do

---

9. *Théâtre, récits, nouvelles*, p. 1357.
10. Ibid., p. 1382.
11. Ibid., p. 1357.
12. Ibid., p. 1382.

romance, de uma complexidade que falta às personagens da peça. Mais do que um endurecimento da posição de Camus em face da Igreja, essa diferença deve ser atribuída às exigências cênicas. O barqueiro, mercenário e disposto a afastar Diego do flagelo, resume o papel dos balseiros que se apresentavam para repatriar Rambert. Em compensação, o demônio do mal e o gosto pelo sarcasmo de Cottard e do velho asmático são desenvolvidos e enriquecidos pela figura simbólica de Nada, cuja perversidade é alimentada mais pela natureza profunda do seu ser do que pelas circunstâncias. No que toca aos protagonistas das duas obras, eles se parecem muito pouco, ainda que ambos sejam médicos. A tentação de uma felicidade egoísta que Rieux reconhece nos outros, sem nunca estar perto de concedê-la a si, anima Diego durante o prólogo ("vou tratar de ser feliz") antes que ele a supere. Espécie de Rambert sublimado em Rieux (falando *grosso modo*), Diego assegura a dinâmica de *Estado de sítio*. Por fim, apresentando-se logo nas primeiras páginas como uma tragédia da separação,[13] *A peste* deixava (com a exceção da discreta mãe de Rieux) as mulheres fora dos muros, ao passo que a separação dos amantes que se desenha no horizonte de *Estado de sítio* acentua a comovente figura de Vitória, infligindo nela um medo menos indigno do que aquele inspirado pelo opressor na maioria dos cidadãos.

"Nosso século XX é o século do medo", escrevia Camus no *Combat* em novembro de 1946.[14] O medo é o fio condutor da peça. Diego,

---

13. Mesmo que tenha sido no curso da elaboração do romance que Camus acentuou este aspecto. Cf. *Carnets, II*, p. 80.
14. "Nem vítimas, nem carrascos", *Actuelles I*, em *Essais*, Pléiade, p. 331.

que não teme os homens, confessa na primeira parte seu medo diante de um flagelo que ultrapassa suas forças. Este sentimento, expresso pelo Coro na segunda parte ("Estamos com medo!"), é justificado pelo juiz: "Todo mundo tem medo porque ninguém é puro." Ele se torna um insulto recíproco em um momento de tensão entre Diego e Vitória, cada um dos amantes acusando o medo do outro ("Você está com medo" —"Detesto este rosto de medo e de ódio que a abateu"). Cabe, no entanto, à mulher formular que o amor é mais forte que o medo e convocar o companheiro a seguir seu exemplo. Menos inteiro que Vitória, mas fortalecido por seu amor, Diego pode, então, jogar na cara da Morte esta "loucura iluminada, um misto de medo e de coragem" que, como componente da condição humana, lhe permite desafiar o nada. No final da segunda parte, a Morte, testemunhando a vitória de Diego sobre o medo, se declara, então, impotente contra ele. No entanto, é mais importante salvar os outros do que se salvar. Assim, a terceira parte transforma Diego, herói solitário, em herói solidário. "Não temos mais medo", ele lidera o Coro, antes de clamar: "Viva a morte, ela não nos assusta mais!", engajando, desta vez, toda a cidade. De resto, é preciso encontrar um bom uso para esta coragem: ela não deve servir nem para voltar contra o opressor as armas de que ele se serviu (o "Nem medo nem ódio" de Diego repetindo o "Nem vítimas nem carrascos" de Camus) nem para desprezar do alto de seu heroísmo os homens que fracassaram ("É como mediano que estou com eles").

Entretanto, o itinerário de Diego e Vitória não é traçado tanto como uma ascensão contínua para o heroísmo, mas, sobretudo, como uma linha interrompida na qual é possível ler as fraquezas humanas. Se uma paixão, que se dirá totalmente feminina, deu a Vitória um poder arrebatador, esta mesma paixão, carnalmente ligada a Diego, inspira-lhe uma última tentativa de manter sua amante nesta terra; assim, Vanina Vanini se revelava, de modo mais definitivo, inferior pelo próprio excesso de amor pelo amante Missirilli, cujo heroísmo ela contestava.[15] De uma outra maneira, a Peste e sua Secretária (a Morte) permitem refletir sobre a diferença dos sentimentos de acordo com os sexos no universo camusiano. Apesar do nome, a Peste é, com efeito, um homem (ela se nomeia O HOMEM antes que sua natureza seja revelada). "Reconheçam seu verdadeiro soberano e aprendam o ódio", conclui o Homem, enquanto sua ajudante, que não alimenta o ódio, reconhecia a vitória de Diego. O símbolo é claro: adaptamo-nos mais facilmente à morte do que à potência do Mal que inspira os carrascos. O símbolo se enriquece com esta escolha de Camus que, considerando arbitrário o gênero dos nomes, reserva a feminilidade ao elemento menos inumano da dupla.

O alcance simbólico geral da catástrofe não é menos claro. Em *A peste*, a escolha de Oran, cidade francesa preservada da ocupação alemã, poderia alargar, até mesmo confundir, o significado da fábula. A escolha de Cádiz em *Estado de sítio* não enganará ninguém. Ao evitar, contra Gabriel Marcel, mostrar mais indulgência com os totalitarismos do Leste do que com a ditadura

---

15. Camus, que assinalou seu interesse pelas "mulheres de grande caráter" no universo de Stendhal (*Carnets, II*, p. 23), tem em vista a época em que foi representado *Estado de sítio* quando escreveu um prefácio para as *Chroniques italiennes* (cf. *Carnets, II*, p. 263).

franquista,[16] Camus dá o aval à transparência do símbolo. À medida que a neutralidade observada pela Espanha durante a guerra não é suficiente, a seus olhos, para livrá-la dos crimes cometidos pelos nazistas, o símbolo perde muito pouco de sua coerência com a evocação da "colaboração ativa" (expressão que fecha o primeiro quadro), da "estrela negra" que marca as casas infectadas, da "estrela do tumor" que designa as doenças, dos "fornos acesos" e dos cadáveres incinerados por uma preocupação com a higiene, da vontade do Homem de ser "correto" (adjetivo que, no início da ocupação, serviu aos franceses para designar os soldados alemães, menos abertamente bárbaros do que se esperava). Enfim, a Secretária evoca as "ratazanas", auxiliares femininas das tropas alemãs da ocupação.[17] Talvez esta acumulação de índices seja um pouco insistente.

Menos específicos da ocupação nazista são os campos de concentração e as deportações, as torres de vigilância, a tortura, os atos de resistência ou a convocação à delação, até mesmo a perfeição técnica que acompanha a opressão: *O homem revoltado*, publicado três anos mais tarde, sem dúvida convencerá Gabriel Marcel de que o "terror racional" (expressão que aparece em um dos títulos do ensaio) não é menos insuportável a Camus quando se exerce em nome de uma revolução proletária. A partir de uma bufonaria, que provoca efeitos cênicos próximos daqueles de *Ubu rei*, a destruição científica e metódica dos seres humanos responde, com efeito, a temores parecidos com os de George Orwell, ator

---

16. Cf. *Por que a Espanha?*, nesta edição.
17. Assinalado por Ilona Coombs, *Camus, homme de théâtre*, p. 100.

e testemunha da guerra espanhola. Ele foi citado por Camus em 1947 em seus *Carnets*, e seu romance *1984* será publicado um ano após a criação de *Estado de sítio*. Própria a todas as ditaduras é a arte de tirar proveito do niilismo (nada em comum entre o "Viva nada" de Nada e o "Viva a morte" de Diego, o "Viva la muerte" dos anarquistas espanhóis se aparentando mais ao primeiro), assim como o funesto desejo de culpabilizar as vítimas. Este desejo formulado pelo herói de *Calígula* era inspirado ali por Hitler e não por Stalin. Na época de *Estado de sítio*, Camus visa igualmente às ditaduras dos dois campos. De mais a mais, à medida que os totalitarismos do Leste ameaçam, mais do que os do Oeste, o futuro da humanidade e inventam a autocrítica para perfazer sua empresa de culpabilização, a denúncia camusiana terá de fazer mais do que apenas agradar ao grupo de Gabriel Marcel: na época de *A queda* (1956), Franco e Salazar contam ainda com belos dias, mas é então com o grupo de Sartre que Camus fica mal.

Nós sugerimos, portanto, que as estrelas e os mirantes não devem datar muito rigorosamente o "espetáculo". Restringir os símbolos à atualidade recente aumenta lamentavelmente sua transparência. Mas, ainda que eles se apliquem às ditaduras em geral, sua pertinência causa perplexidade. Se a denúncia de um membro da Resistência e sua prisão em um campo são execráveis, o que dizer de apontar um doente de peste para que seja isolado do resto da população? Os aperfeiçoamentos técnicos ganham sentidos opostos de acordo com o caso: eles permitem ao ditador de *Estado de sítio* estender sua obra sinistra, ao passo que no romance ajudam à saúde pública a coibir o mal. *A peste* prejudica a peça: explicando as dolorosas precauções que uma epidemia impõe, Camus estimulou os espectadores de *Estado de sítio* a resistir ao amálgama sugerido entre um mal organizado pelos homens e um mal advindo do acaso ou (para falar como Paneloux) da vontade do Céu. A lição final de *Estado de sítio* — a vitória da coragem sobre o mal — impõe dois tipos de observação: 1) Se permanecemos na realidade política contida na fábula (ou no "mito", como diz Camus na Advertência), é possível supor um desejo de pureza extremada no autor; repreenda injusta se dirigida à sua pessoa (Camus sabe que a Resistência não obteve sucesso pregando o estoicismo, mas agredindo o inimigo e evitando recorrer às mesmas armas que ele), mas justificada se tomarmos a peça com rigor. 2) Se se deseja que a peste seja, como convém a um símbolo, ao mesmo tempo a doença e a Ocupação, a coragem (virtude já insuficiente para conduzir uma luta armada) será um meio irrisório para fazer recuar uma epidemia mortal. A menos que se acredite no método Coué,* ela ensina antes, como em Vigny, a morrer em silêncio.

A dúvida do espectador ou do leitor advém daquilo que René-Marill Albérès chamou de "ambiguidades da revolta"[18] em Camus. Por um lado, a revolta contra os erros imputáveis ao homem (conservação da pena de morte, o uso da tortura); por outro, no plano metafísico, contra o mal, o sofrimento ou a morte. A primeira revolta guia uma prática que se dirá, em

---

* Método de cura por autossugestão inventado pelo farmacêutico francês Émile Coué. (*N. do T.*)
18. Título de um comentário de *O homem revoltado* publicado em *La Revolte de Paris*, junho de 1953 (cf., principalmente, pp. 57–58).

sentido amplo, política. Assim, se não é possível suprimir do planeta o instinto de tortura, façamos de modo que o menor número de pessoas seja torturado. Da mesma maneira, estaria explicado o sentido camusiano, às vezes mal compreendido, da medida ("Não, não há justiça, mas limites", diz no final o Coro, condenando com esta fórmula, ao mesmo tempo, a ditadura e o anarquismo niilista). Conclui-se que a revolta metafísica não provoca uma conduta radicalmente diferente da primeira. Em *A peste*, o dr. Rieux trabalha, como um verdadeiro médico, para redução dos efeitos de um mal do qual a humanidade não é, no entanto, responsável; o sofrimento e a morte do filho do juiz desvelarão a dimensão metafísica da sua revolta. Mas a morte do herói de *Estado de sítio* é ambígua *em sua própria origem*, ou seja, resulta das duas ordens distinguidas por René-Marill Albérès. Diego luta, com efeito, contra os crimes humanos, quando muito dissimulados sob a alegoria de uma praga fatal. Se ele retira tão rapidamente a máscara dos médicos da peste, é justamente porque ela não é nada além de uma máscara; mas, transformado em redentor e armado principalmente com sua palavra, ele se opõe ao ditador mais com a ousadia do que com eficácia prática. O espectador, sensível às formas da alegoria, insiste em ver mais os símbolos políticos ou os traços da Peste? Assim, ele pode desculpar que as competências médicas de Diego tenham sido esquecidas a ponto de não desempenhar nenhum papel na intriga.

Essas ambiguidades colocam o problema da dimensão trágica da peça. O próprio Camus classificou *O mal-entendido*, *Estado de sítio*, *Os justos* como suas "tentativas, por vias sempre diferentes e com estilos dessemelhantes, de se aproximar da tragédia moderna,"[19] sobre a qual ele afirma ter refletido muito. No entanto, se nos ativermos a uma distinção que ele fizera três anos antes, não se imagina como *Estado de sítio* pode ser uma tragédia: "A tragédia difere do drama ou do melodrama. Esta me parece ser a diferença: as forças que se enfrentam na tragédia são igualmente legítimas, igualmente armadas de razão. No melodrama ou no drama, ao contrário, apenas uma é legítima. Dito de outra maneira, a tragédia é ambígua, o drama, simplista."[20] O que há de menos legítimo e, apesar da terrificante racionalidade que move sua máquina, de menos armado de razão que o totalitarismo? Antes de fazer essa distinção, Camus deu uma pincelada histórica da Antiguidade até nossos dias para mostrar como as raras grandes épocas da tragédia (de Ésquilo a Eurípides, de Shakespeare a Corneille) correspondem a estes momentos em que o indivíduo se levanta contra as "formas cósmicas de pensamento, muito impregnadas pela noção do divino e do sagrado", "mundo antigo do terror e da devoção".[21] Supondo (o que se sustentaria facilmente) que os totalitarismos do século XX tenham usurpado, ao colocá-las a seu proveito, as noções de divino e de sagrado, o espectador de *Estado de sítio* pode temer que, como advertiu sinistramente a Peste antes de se retirar, a ordem contra a qual Diego alcança, em benefício de sua cidade, uma vitória provisória, não é a de um "mundo antigo", mas a do futuro.

---

19. Entrevista concedida a *Paris-Théâtre* (1958), em *Théâtre, récits, nouvelles*, p. 1715.
20. Conferência realizada em Atenas sobre o futuro da tragédia, ibid., p. 1705.
21. Ibid., pp. 1702–1703.

Então, pode-se dizer que Camus compôs, como ele mesmo sugere,[22] uma espécie de auto sacramental,[23] à maneira, por exemplo, de Lope de Vega (de quem ele adaptará, em 1957, *Le Chevalier d'Olmedo*), em que teria tentado "abranger o mundo inteiro como um espetáculo universal".[24] Sua conferência de Atenas situa os autos sacramentais em relação à tragédia: "Se a ordem do divino não supõe nenhuma contestação e não admite senão o pecado e o arrependimento, então não há tragédia. Ela pode apenas conter mistério ou parábola, ou ainda o que os espanhóis chamavam auto religioso ou auto sacramental, ou seja, um espetáculo no qual a verdade única é solenemente proclamada. O drama religioso é então possível, mas não a tragédia religiosa."[25] Se, com a crítica unânime,[26] é aceitável aproximar *Estado de sítio* dos autos sacramentais, deve-se convir, ao menos, que na peça a "verdade única" é desacreditada, até ridicularizada e contestada pela revolta do herói. Em suma, como em *Calígula* e *O mal-entendido*, Camus não escreve uma tragédia, mas uma peça em que se manifesta uma forma de trágico, a originalidade de *Estado de sítio* se mantendo na forte realidade de uma coletividade unida

---

22. Prefácio à edição americana do teatro, ibid, p. 1732.
23. "Obra dramática alegórica em um ato, tendo como tema o mistério da Eucaristia, representado na Espanha no dia de Corpus Christi (séculos XVI-XVIII). Gênero didático, indissociável de seu contexto cultural e festivo, o *auto sacramental* constitui um perfeito exemplo da inserção harmoniosa do teatro em uma vida social e cultural impregnada de religião" (M. Corvin, *Dictionnaire encyclopédique du théâtre*, Bordas, 1991).
24. Raymond Gay-Crosier, *Les Envers d'um échec. Étude sur le théâtre d'Albert Camus*, p. 156.
25. *Théâtre, récits, nouvelles*, p. 1706.
26. Cf., para nos mantermos nas obras citadas na bibliografia, além de Raymond Gay-Crosier, Ilona Coombs, Edward Freeman, Roger Grenier, assim como a Apresentação da peça por Roger Quilliot na Pléiade.

por um temor comum, animada por cenas de rua e levada, pela aparição de um cometa ou pela presença do vento e do mar, às dimensões do cosmos enquanto *Calígula* oferecia, em uma Roma voluntariamente abstrata, uma galeria de fantoches, e a ação de *O mal-entendido* era confinada em um albergue, onde o litoral ensolarado se reduzia a uma improvável esperança. *Estado de sítio* surge como um novo fracasso no caminho das tentativas de Camus de fundar uma "tragédia moderna", o que não implica de modo algum que a peça seja em *si mesma* um fracasso.

A severidade quase unânime da crítica atormentou profundamente Camus, mesmo que, em carta a Jean Grenier de 15 de janeiro de 1949, ele aceitasse o fracasso de bom grado, congratulando-se por ter de comparecer a menos compromissos. *Estado de sítio*, ele confidencia posteriormente, "com todos os seus defeitos, talvez seja, dos meus escritos, aquele que mais se assemelha a mim,"[27] sem que seja possível distinguir bem se este privilégio advém da gravidade e da atualidade dos problemas que a peça aborda ou, ao contrário, do esforço que ele fez para escapar, pela magia de um espetáculo alegórico, das querelas intelectuais parisienses nas quais se viu inserido a contragosto durante toda sua carreira literária, e para fazer ressoar o tom lírico vindo diretamente de *Noces* e de *L'Été*. O vento que desenhava sobre a pele de Djémila "os signos de sua ternura ou de sua cólera, aquecendo-a com seu sopro de verão ou mordendo-a com seus dentes gelados"[28] varre

---

27. Prefácio à edição americana do teatro, ed. cit., p. 1753.
28. *Noces*, em *Essais*, Pléiade, p. 62.

toda a peça, inicialmente queimando Diego antes de se expandir até "limpar" a cidade e ajudar Nada a se suicidar nas ondas. O chamado "Ao mar!" lançado pelo Coro repete o início de "Núpcias em Tipasa". As "primeiras amendoeiras em flor no caminho diante do mar", lembrança anotada nos *Carnets*[29] e celebrada em *O verão*, são cantadas na peça pelo coro das mulheres. "São muito pobres os que precisam de mitos", escrevia, no entanto, Camus, no início de *Noces*.[30] Na época em que escreve *Estado de sítio*, o tempo da inocência havia passado e talvez estas paisagens, que ele exaltou abertamente antes da guerra, acabem servindo como uma demonstração elaborada contra aqueles que as negam.

Além disso, uma obra teatral seria mal defendida se fossem celebrados apenas seus tons líricos: salvo talvez em Claudel, modelo único, o lirismo pode no máximo embelezar uma peça, não lhe dar uma forma. Sem igualá-la aos carros-chefes de Claudel, Michel Autrand mostrou, defendendo uma tese muito argumentada a favor de *Estado de sítio*, como Camus havia realizado em cena "este sonho que sempre recomeça, de colocar no espetáculo a Cidade e o personagem coletivo".[31] Ele o realiza melhor, no nosso entendimento, nas humildes cenas da vida cotidiana (observações dos transeuntes, gritos dos mercadores) que, mais do que Aristófanes, lembra Shakespeare (no início de *Romeu e Julieta*, por exemplo), porém com menos felicidade nos momentos em que o Coro ganha tons esquilianos. Talvez a aposta formulada por Camus na sua Introdução ("misturar todas as formas de expressão

---

29. *Carnets, I*, pp. 196–197.
30. *Essais*, p. 57.
31. Michel Autrand, "*L'État de siège* ou le rêve de la Ville au théâtre", cf. Bibliografia.

dramática, desde o monólogo lírico até o teatro coletivo") fosse impossível de ser alcançada. A tarefa do encenador não é facilitada se lhe dão, ao levantar do pano, um diálogo que deve ser "quase incompreensível", ou se dedicam à Mulher e a Nada, no meio do segundo quadro, duas longas réplicas a serem pronunciadas "ao mesmo tempo".[32] É possível acreditar que, antecipando o trabalho do compositor da música de acompanhamento, o próprio Camus tente compor uma partitura em que as palavras não teriam tanto um conteúdo, mas sim os elementos sonoros do "espetáculo". Será que ele também não queria invadir as atribuições do cenógrafo? É muito estimada esta ideia espirituosa que, no início do terceiro quadro, oferece a Diego o poder de modelar o ambiente a seu gosto: apagar as estrelas, abrir as janelas, mover as massas. O espaço não é mais, então, um simples cenário: ele dá a medida da imensa vontade do herói. Mas, associado desta forma a seu gesto, ele não pareceria ridículo ou anedótico no momento em que, como exige uma representação, é materializado? Michel Autrand concorda com as reflexões de Jean-Louis Barrault ao julgar que o belo cenário de Balthus tivesse contrastado, com toda sua massa, aos movimentos que o cercavam, consoante com o desejo de Camus: "eu gostaria de ver *Estado de sítio* ao ar livre,"[33] acentuando menos os cenários da cena do que os "ouros e veludos do Marigny". Morvan Lebesque também faz votos para uma representação ao ar livre. "Mas (acrescenta ele) não seria nada além de um belo

---

32. Perguntar-se-ia também como um encenador pode fazer com que, no final da peça, a Secretária "mude bruscamente de aparência", tornando-se "uma velha com a máscara da morte", como exige a indicação cênica.
33. Entrevista concedida a *Paris-Théâtre* (1958), ed. citada, p. 1717.

espetáculo, e não uma tragédia popular sobre a liberdade que o autor sonhava."[34] No nosso entender, a encenação ao ar livre se presta mais favoravelmente à infinita vontade de Diego do que uma sala. Mas não é certo que, ao abrir o espaço para um céu real onde os espectadores espreitarão em vão a aparição de um cometa, expondo a cena a uma possível concorrência entre o vento simbólico e um violento mistral, ou desenhando no horizonte um mar hipotético de acordo com o lugar em que a peça for encenada, os símbolos serão aproveitados da melhor maneira.

"Se se pensa (...) no dispositivo cênico, na música, nos constantes movimentos do povo, compreender-se-á que o espetáculo tentou substituir o não dito, a voz abafada do "misterioso", o bem-estar deixado pelo desaparecimento do mito", escreve Fernande Bartfeld.[35] Ainda que o significado de *Estado de sítio* ultrapasse em muito a conjuntura da ocupação da França pelos nazistas, não se poderia esperar do público, no curso dos anos, ainda que outras formas de opressão política permanecessem vivas, um fervor maior que aquele já adormecido quatro anos após a liberação. A única chance que o "espetáculo" tem de nos tocar é despertar em nós uma sensibilidade aos tons líricos do amor, à solidão do homem diante de seu destino, a comovente comunhão dos membros de uma cidade cujos medos e esperanças se abrem além dos muros, à natureza e aos elementos. Mas, por ter sugerido que Camus em parte alguma representou melhor que em *A queda* o enclausuramento — pois o monólogo de Clamence desenha no

---

34. "La passion pour la scène", em *Albert Camus*, "Génies et Realités", p. 170.
35. "Le théâtre de Camus, lieu d'une écriture contrariée", em *Albert Camus et le théâtre*, p. 181.

espírito do leitor redes concêntricas, mais estritamente de acordo com sua obsessão do que um cenário de teatro conseguira fazer aos olhos do espectador —, acreditamos que o "espetacular" de *Estado de sítio* ganha ao não insistir em efeitos cênicos que não atingirão de forma alguma o cósmico, mas sim ao apostar na imaginação dos leitores. Ela tem a oportunidade de não substituir o não dito que resulta do esgotamento do mito, mas oferecer-lhe, ao contrário, suas melhores faculdades de expressão. Aos espetáculos impossíveis, que balizam a história de nosso teatro, resta o consolo, não desprezível, da literatura.

Pierre-Louis Rey.

Nota

Em 1941, Barrault teve a ideia de montar um espetáculo sobre o mito da peste, o qual Antonin Artaud também havia tentado. Nos anos seguintes, pareceu-lhe o mais simples, para esta tarefa, adaptar o grande livro de Daniel Defoe, *O diário do ano da peste*. Então, ele criou o plano de uma encenação.

Quando soube que eu iria publicar um romance sobre o mesmo tema, propôs que eu escrevesse os diálogos em torno deste plano. Eu tinha outras ideias e, particularmente, me pareceria preferível esquecer Daniel Defoe e retornar à primeira concepção de Barrault.

Em suma, tratava-se de imaginar um mito que pudesse ser inteligível para todos os espectadores de 1948. *Estado de sítio* é a ilustração dessa tentativa, e eu tenho a fraqueza de acreditar que mereça interesse.

Porém:

1º — Deve ficar claro que *Estado de sítio*, por mais que se tenha afirmado, não é, em nenhum grau, uma adaptação do meu romance.

2º — Não se trata de uma peça de estrutura tradicional, mas de um espetáculo cuja ambição declarada é de misturar todas as formas de expressão dramática, desde o monólogo lírico até o teatro coletivo, passando pelo interpretar mudo, o simples diálogo, a farsa e o coro.

3º — Se é verdade que eu escrevi todo o texto, não é menos verdade que o nome de Barrault deveria, com toda justiça, ser reunido ao meu. Isto não se pôde fazer por razões que me pareceram respeitáveis. Mas devo dizer claramente que sou devedor de Jean-Louis Barrault.

20 de novembro de 1948 A.C.

Personagens

A PESTE

A SECRETÁRIA

NADA

VITÓRIA

O JUIZ

A MULHER DO JUIZ

DIEGO

O GOVERNADOR

O ALCAIDE

AS MULHERES DA CIDADE

OS HOMENS DA CIDADE

OS GUARDAS

O COVEIRO

Esta peça foi encenada pela primeira vez em 27 de outubro de 1948, pela Companhia Madeleine Renaud — Jean-Louis Barrault, no Théâtre Marigny (direção de Simonne Volterra).

Música incidental de Arthur Honegger.

Cenários e figurinos de Balthus.

Direção teatral de Jean-Louis Barrault.

Primeira Parte

Prólogo

A bertura musical: tema sonoro que lembra uma sirene de alerta.
O pano se abre, a cena está completamente escura.
Cessa a abertura musical, mas o tema de alerta continua, como um zunido ao longe.
De repente, ao fundo, surgindo do lado direito, um cometa se desloca lentamente para o lado esquerdo.
Ele ilumina, em sombras chinesas, os muros de uma cidade espanhola fortificada e a silhueta de vários personagens de costas para o público, imóveis e com a cabeça estendida em direção ao cometa. Soam quatro horas. O diálogo é quase incompreensível, como um murmúrio.

— É o fim do mundo!
— Não, homem!
— Se o mundo acabar...

— Não, homem. O mundo sim, mas não a Espanha!
— Mesmo a Espanha pode morrer.
— De joelhos!
— É o cometa anunciando o mal!
— A Espanha não, homem! A Espanha não!

Duas ou três cabeças se voltam. Um ou dois personagens se deslocam com precaução, e depois tudo volta à imobilidade. O zunido fica então mais intenso, torna-se estridente e desenvolve-se musicalmente como uma palavra inteligível e ameaçadora. Ao mesmo tempo, o cometa cresce de modo desmesurado. Bruscamente, um grito terrível de mulher. A música cessa imediatamente e o cometa se reduz a seu tamanho normal. A mulher foge, ofegante. Confusão na praça. O diálogo, mais sibilante, é mais bem percebido, mas ainda não é compreensível.

— É sinal de guerra!
— Claro!
— Não é sinal de nada!
— Pode ser...
— Que nada, é o calor.
— É o calor de Cádiz.
— Já chega.
— Apita muito forte.
— Vou ficar surdo.
— Isso é uma praga na cidade!

— Oh! Cádiz! Uma praga caiu sobre você!
— Silêncio! Silêncio!

Olham novamente o cometa, quando se ouve a voz de um oficial das guardas civis, desta vez claramente.

OFICIAL DA GUARDA CIVIL

Voltem para suas casas! Vocês viram o que viram, e basta. Muito barulho por nada, acabou-se. Estão procurando chifre em cabeça de cavalo. Cádiz é assim. É sempre Cádiz.

UMA VOZ

Mas é um sinal, e sinais não aparecem à toa.

UMA VOZ

O grande e terrível Deus!

UMA VOZ

Hoje em dia ninguém acredita mais em sinais, seu piolhento! Somos inteligentes demais para acreditar nisto.

UMA VOZ

Sim, e é assim que a gente quebra a cara. A gente é burro feito porco; e porco se sangra a faca.

OFICIAL

Voltem para suas casas! A guerra é assunto nosso, e não de vocês.

NADA

Ah! Se fosse verdade! Os oficiais morrem na cama, e a facada é para a gente!

UMA VOZ

Aqui está Nada. Nada, o idiota!

UMA VOZ

Nada, você deve saber. O que significa tudo isto?

NADA (*Ele é um doente.*)

Vocês não iriam gostar de saber o que tenho a dizer. Ririam. Melhor perguntar ao estudante, já é quase doutor. Eu só falo à minha garrafa.

Ele leva uma garrafa à boca.

UMA VOZ

Diego, o que ele está querendo dizer?

DIEGO

Não importa. Vamos aguentar firme, é tudo.

UMA VOZ

Por que não perguntam ao oficial da guarda civil?

OFICIAL

A guarda civil acha que vocês estão perturbando a ordem pública.

NADA

A guarda civil tem sorte: tem ideias simples.

DIEGO

Ei, olhem! De novo...

UMA VOZ

Ah! O grande e terrível Deus.

O zunido recomeça. Segunda passagem do cometa.

— Chega!
— Pare com isso!
— Cádiz!
— O apito!
— Cai uma praga...
— Sobre a cidade...
— Silêncio! Silêncio!

Soam cinco horas. O cometa desaparece. Amanhece.

NADA *(Debruçado sobre um marco, rindo e troçando.)*
Eu, Nada, a luz desta cidade pela cultura e pela instrução, um bêbado ridicularizado por todos porque é livre para desprezar as

coisas e vomitar nas honrarias. Pois bem! Eu queria dar um aviso gratuito, depois destes fogos de artifício: estamos convivendo com isso e vamos conviver cada vez mais.

Vejam só! Já convivíamos com isso, mas só mesmo um bêbado para se dar conta disso. E com o que estamos convivendo? Ah! Isso cabe a vocês, homens de razão, adivinhar. Minha opinião, já formada, e estou convicto de meus princípios: a vida vale tanto quanto a morte; o homem é a madeira da qual se fazem as fogueiras. Acreditem em mim! Vocês vão ter desgostos. Este cometa é um mau agouro. É um alerta!

Isto lhes parece falso? Eu já esperava. Enquanto vocês fazem as suas três refeições diárias, trabalham as suas oito horas e mantêm suas duas mulheres, imaginam que tudo está na mais perfeita ordem. Não, vocês não estão em ordem, mas em fila. Bem alinhados, a fisionomia serena, já maduros para a calamidade. Vamos, minha boa gente, a advertência foi feita; eu estou com a consciência tranquila. Mas não se apavorem, há quem cuide de vocês lá em cima. E sabem bem o que isto significa: lá eles são osso duro de roer.

O JUIZ

Chega de blasfemar, Nada. Há muito que você toma essas liberdades com o céu.

NADA

E eu lá falei do céu, juiz? Estou de acordo com tudo o que se faz lá, sou juiz à minha maneira. Li nos livros que é melhor ser cúmplice do céu do que sua vítima. Mas acho, sinceramente, que não é o céu que está em questão. Desde que os homens se meteram a quebrar vidros e cortar cabeças que o bom Deus, embora conhecedor de música, não passa de um menino de coro, você já deve ter percebido.

O JUIZ

São os libertinos da sua laia que atraem os sinais do céu. Sim, é uma advertência. Mas apenas para aqueles que têm o coração corrompido. Temam, todos, para que o pior não aconteça, e rezem pra que Deus perdoe seus pecados. De joelhos! De joelhos!

Todos se ajoelham, menos Nada.

O JUIZ

Tema a Deus, Nada, ajoelhe-se.

NADA

Não posso, estou com o joelho duro. Agora, quanto a temer, eu já previ tudo. Mesmo o pior. E o pior, a sua moral.

O JUIZ

Você não acredita em nada, desgraçado?

NADA

Em nada deste mundo, afora o vinho. E em nada do céu.

O JUIZ

Perdoai-o, meu Deus, ele não sabe o que diz. E misericórdia para esta cidade de vossos filhos.

NADA

Ite missa est. Ei, Diego, vamos tomar algo na taberna do Cometa. Você aproveita e me conta como vão seus amores.

DIEGO

Vou me casar com a filha do juiz, Nada. A partir de agora, é melhor não ofender mais o pai dela, estaria me ofendendo também.

Trombetas. Um arauto entra cercado de guardas.

ARAUTO

Ordem do governador. Que todos se retirem e voltem para suas atividades. Os bons governos são aqueles em que nada acontece. A vontade do seu governador é que nada aconteça em seu governo e que tudo continue bem, como sempre foi. Fica assegurado aos habitantes de Cádiz que nada aconteceu hoje que valha a pena o alarme ou a desordem. A partir das seis horas, todos deverão considerar falsa a aparição de qualquer cometa no céu desta cidade. Aquele que não estiver de acordo com esta decisão, ou quem falar em cometas, a não ser como fenômenos siderais passados ou futuros, será punido com o rigor da lei.

Trombetas. Ele se retira.

NADA

Boa saída, hein Diego? O que me diz?

DIEGO

Isso é ridículo! Mentir é sempre ridículo.

NADA

Não, não. É uma política. E olha que eu aprovo, porque visa a eliminar tudo. Que grande governador nós temos! Se seu orçamento é deficitário, anula o *déficit*; se a esposa é adúltera, ele nega o adultério. Cornos, sua mulher é fiel; paralíticos, já podem andar, e cegos, vejam: esta é a hora da verdade!

DIEGO

Chega de agouro, sua velha coruja! A hora da verdade é a hora da morte.

NADA

Justamente. Que o mundo morra! Ah, se eu pudesse ter o mundo frente a frente, como um touro tremendo as patas, os olhos ardendo de ódio, a fuça rosada e a baba feito uma cortina suja! Que momento! Esta velha mão não vacilaria e cortaria o cordão da medula com um único golpe. A besta, fulminada, cairia através dos espaços intermináveis, até o fim dos tempos.

DIEGO

Você despreza demais, Nada. É melhor poupar seu desprezo, ainda vai precisar dele.

NADA

Eu não preciso de nada. Desprezo até a morte. E nada nesta terra: nem rei, nem cometa, nem moral, nunca estarão acima de mim!

DIEGO

Melhor não subir assim tão alto. Assim, vai ser menos amado.

NADA

Não desejando mais nada, fico acima de tudo.

DIEGO

Mas ninguém está acima da honra.

NADA

A honra? O que é a honra, meu filho?

DIEGO

É a honra o que me mantém de pé.

NADA

A honra é um fenômeno sideral passado ou futuro. Vamos eliminá-la.

DIEGO

Bem, Nada, preciso partir, ela me espera. Por isso não acredito nesta calamidade que está anunciando. Vou tratar de ser feliz. É um trabalho difícil, que precisa da paz nas cidades e nos campos.

NADA

Já lhe avisei, filho, já estamos convivendo com isso. Melhor não esperar nada. A comédia já vai começar. Mas talvez ainda dê tempo de ir ao mercado e beber, à morte do mundo.

Tudo se apaga.

FIM DO PRÓLOGO

Luz. Animação geral. Os gestos são mais vivos, o movimento se intensifica. Música. Os mercadores abrem suas barracas, separando os primeiros planos do cenário. A praça do mercado aparece. O coro popular, exultante, conduzido pelos pescadores, enche-a pouco a pouco.

O CORO

Nada acontece, nada acontecerá. Vamos nos tranquilizar! Vamos nos tranquilizar! Não é a calamidade, mas a abundância do verão! (*Grito de alegria.*) Mal acaba a primavera, e o alaranjado do verão é lançado a toda velocidade, erguendo-se no alto da estação e explodindo sobre a Espanha num jorro de mel. As frutas de todos os verões do mundo, uvas viscosas, melões cor de manteiga, figos carnudos, damascos em chamas, rolam nos balcões de nossos mercados. (*Grito de alegria.*) Oh, frutas! É aqui, no cesto, que vocês acabam depois da corrida longa e afobada que as traz dos campos. Lá, se carregavam de água e açúcar, sobre os ensolarados prados azuis e entre o jorrar de mil mananciais, reunidos aos poucos em uma única água, absorvida pelas raízes e pelos troncos, e conduzida ao coração das frutas onde acaba de comer lentamente como um inesgotável favo de mel, nutrindo e tornando-as maiores e mais pesadas.

Pesadas, sempre mais pesadas! E, de tão pesadas que, ao final, deslizam ao fundo da água do céu, rolam pela grama opulenta, embarcam nos rios, caminham por todas as vias e, dos quatro cantos do horizonte, são saudadas pelos rumores alegres do povo. Os clarins do verão (*Ouvem-se breves trombetas*) vêm em grande número às cidades dos homens testemunhar que a terra é doce e que o céu nutritivo partilha esta abundância. (*Grito geral de alegria.*) Não, nada acontece. É verão: oferenda e não calamidade. O inverno virá mais tarde, o pão duro fica para amanhã! Hoje, há dourados, sardinhas, lagostins, peixes frescos vindos dos mares calmos, queijo com alecrim! O leite das cabras espuma feito sabão. E, sobre as bancadas de mármore, a carne de vermelho vivo com cheiro de alfafa, oferecendo ao mesmo tempo o sangue, a seiva e o sol à ruminação do homem. Às taças, às taças! Vamos beber nas taças das estações. Vamos beber até esquecer; nada acontecerá!

Gritos de alegria. Trombetas. Música e, nos quatro cantos do mercado, pequenas cenas se desenrolam.

O PRIMEIRO MENDIGO
Uma esmola, homem. Uma caridade, vovó!

O SEGUNDO MENDIGO
Melhor dar. Antes tarde do que nunca.

O TERCEIRO MENDIGO
Entendem? Entendem o que ele disse?

O PRIMEIRO MENDIGO
Deixe para lá, não aconteceu nada.

O SEGUNDO MENDIGO
Sei lá, quem sabe alguma coisa ainda acontece.

Ele rouba o relógio de um transeunte.

O TERCEIRO MENDIGO
Façam sempre a caridade. Melhor prevenir que remediar!

Na peixaria.

O PESCADOR

Um dourado fresco como um cravo! A fina flor dos mares! E a senhora ainda vem reclamar!

A VELHA

Essa "fina flor" é cação!

O PESCADOR

Cação! Nunca entrou um cação neste mercado. Pelo menos até a sua chegada, sua bruxa.

A VELHA

Seu filho da mãe! Respeite meus cabelos brancos!

O PESCADOR

Fora daqui, velha agourenta! Parece o "cometa"!

Todos se imobilizam com o dedo sobre os lábios fechados. Vitória na janela atrás das grades e Diego.

DIEGO

Já faz tanto tempo!

VITÓRIA

Louco! A gente se separou às onze horas da manhã!

DIEGO
Sim, mas seu pai estava lá!

VITÓRIA
Meu pai disse sim. E tínhamos certeza de que ele iria dizer não.

DIEGO
Eu tinha razão: ir diretamente a ele e falar cara a cara.

VITÓRIA
Claro. Enquanto ele pensava, eu fechei meus olhos, e escutei subir em mim um galope, lá de longe, aproximando-se mais rápido, mais forte, até me estremecer todinha. E quando meu pai disse sim, abri meus olhos: era a primeira manhã do mundo. Do canto do quarto, vi os cavalos negros do amor, ainda estrebuchando, mas já calmos. Eles estavam nos esperando.

DIEGO
Eu não estava surdo nem cego. Mas só conseguia escutar o pulsar doce do meu sangue. Minha alegria não cabia em si. Ó cidade iluminada! Seu pai me concedeu você para a vida toda, até o momento em que descermos à terra. Amanhã, vamos partir juntos, montando a mesma sela.

VITÓRIA
Isso, isso, fale a nossa língua, mesmo que todo mundo ache louca. Amanhã, beijará minha boca. Só de olhar a sua, meu rosto queima. Será o vento sul?

DIEGO

Sim, é o vento sul, ele também me queima. Mas onde está a fonte que há de me curar?

Ele se aproxima e, ao passar os braços
pelas barras, ela o abraça.

VITÓRIA

Ah! Sofro tanto por amá-lo! Chegue mais perto.

DIEGO

Como é linda!

VITÓRIA

Como é forte!

DIEGO

Com que você lava seu rosto para que fique da cor da amêndoa?

VITÓRIA

Lavo com água clara; o amor é que dá a cor.

DIEGO

Seus cabelos, frescos como a noite!

VITÓRIA

Porque todas as noites espero você na janela.

DIEGO

Foram então as águas claras e a noite que a perfumaram com o cheiro do limoeiro?

VITÓRIA

Não, foi o vento do seu amor que, em um só dia, me cobriu de flores.

DIEGO

As flores murcharão!

VITÓRIA

As frutas o esperam.

DIEGO

O inverno virá!

VITÓRIA

Mas com você. Por acaso esqueceu o que cantou para mim na primeira vez? Não é mais verdade?

DIEGO

Se cem anos após minha morte,
A terra me perguntasse
Se, enfim, a esqueci,
Responderia que ainda não!

Ela se cala.

DIEGO

Não diz nada?

VITÓRIA

A felicidade me cortou a fala.

Sob a tenda do astrólogo.

O ASTRÓLOGO (*A uma mulher.*)

O sol, minha bela, atravessa o signo de Libra na hora do seu nascimento, o que permite considerá-la venusiana; seu signo ascendente é Touro, também governado por Vênus. Portanto, sua natureza é emotiva, afetuosa e agradável. Pode se alegrar. Ainda que Touro predisponha ao celibato e ameace deixar adormecidas estas qualidades preciosas. Vejo, aliás, uma conjunção Vênus-Saturno que é desfavorável ao casamento e aos filhos. Esta conjunção também é presságio de gostos estranhos e anuncia doenças que atingem o ventre. Mas não ligue para isso, e procure o sol, que reforçará a mente e a moral e que é soberano quanto aos fluxos do ventre. Escolha seus amigos entre os taurinos, minha pequena, e não se esqueça de que sua posição está bem orientada; é fácil e favorável, e pode lhe dar alegria sempre. São seis francos.

Ele recebe o dinheiro.

A MULHER

Obrigada. Mas tem certeza do que me disse, não tem?

O ASTRÓLOGO

Sempre, minha pequena, sempre! No entanto, atenção! Naturalmente, nada aconteceu nesta manhã. Mas "o que não aconteceu" pode atrapalhar o meu horóscopo. Eu não posso me responsabilizar pelo que "não aconteceu".

Ela se retira.

O ASTRÓLOGO

Façam seu mapa astral! O passado, o presente, o futuro garantidos pelos astros fixos! Eu disse fixos! (*À parte.*) Se os cometas se intrometerem, esta profissão vai ficar impraticável. Terei de me candidatar a governador.

GITANOS (*Juntos.*)

Um amigo que te quer bem...
Uma morena que cheira a laranja...

Uma grande viagem a Madri...
O que nos deu a América...

UM GITANO *(Sozinho.)*
Após a morte do amigo louro, você receberá uma carta negra.

Sobre um tablado, ao fundo, um rufar de tambor.

OS COMEDIANTES

Abram seus belos olhos, graciosas damas, e, senhores, ouçam com atenção! Os atores que aqui estão, os maiores e mais renomados do Reino de Espanha, a quem convenci, não sem dificuldades, a trocar a corte por este mercado, vão encenar um ato sacro do imortal Pedro de Lariba: *Os espíritos*.* Esta peça, que deixará a todos admirados, foi alçada pelas asas do gênio à altura das obras-primas universais. Composição prodigiosa, que nosso rei amava tanto que a fazia representar duas vezes por dia. E ainda a estaria assistindo, se eu não tivesse convencido esta trupe sem igual do interesse e da urgência de torná-la conhecida também neste mercado, para edificação do público de Cádiz, o mais sábio de todas as Espanhas!

Aproximem-se, o espetáculo já vai começar.

*Começa efetivamente, mas o que os atores dizem
não é compreensível, pois sua voz é atrapalhada
pelos barulhos do mercado.*

---

* Por volta de 1940, Camus adaptou uma comédia de Pierre de Larivey intitulada *Les Esprits* (1579). (*N. do editor francês.*)

— Refrescos, refrescos!

— A mulher-lagosta, metade mulher, metade peixe!

— Sardinhas fritas! Sardinhas fritas!

— Aqui, o rei das fugas; sai de qualquer prisão!

— Leve meus tomates, minha linda. São macios como seu coração.

— Rendas e tecido para enxovais!

— Pedro arranca dentes, sem dor e sem enganação!

NADA (*Saindo bêbado da taverna.*)

Esmaguem tudo! Vamos fazer um purê de tomate com coração! Prisão para o rei da fuga e vamos quebrar os dentes de Pedro! Morte para o astrólogo que não previu nada! Vamos comer a mulher-lagosta e liquidar com o resto... menos a bebida!

Um mercador estrangeiro, ricamente vestido, entra no mercado, cercado por um grande número de moças.

O MERCADOR

Comprem, comprem! A fita do Cometa!

TODOS

Eh! Shhh... cale-se.

Eles denunciam seu desrespeito, ao ouvido.

O MERCADOR

Comprem, comprem a fita sideral!

Todos compram a fita. Gritos de alegria. O governador chega, com sua comitiva. Todos se acomodam.

O GOVERNADOR

O governador saúda a todos. Estou alegre por vê-los aqui reunidos como sempre; empenhados nas ocupações que fazem a riqueza e a paz de Cádiz. Não aconteceu nada, nada mudou e isto é muito bom. A mudança me irrita, prefiro sempre meus hábitos!

UM HOMEM DO POVO

Não, governador, é claro que nada mudou. Nós, os pobres, podemos assegurar. Todo final de mês continua apertado. A cebola, a azeitona e pão são o nosso sustento; e a gente continua contente em saber que outros comem galinha ensopada todos os domingos. Nesta manhã, houve ruídos na cidade e sobre ela. A bem da verdade, a gente ficou com medo. Medo de que alguma coisa tivesse mudado e de que, de uma hora para outra, os miseráveis fossem obrigados a se alimentar de galinha ensopada. Mas, graças ao senhor, bom governador, foi anunciado que nada havia acontecido e que nossos ouvidos tinham escutado mal. Agora, estamos tranquilos ao seu lado.

O GOVERNADOR

O governador lhes é grato. Nada é bom quando é novo.

OS ALCAIDES

O governador disse bem! Nada é bom quando é novo. Mas nós, alcaides, investidos pela sabedoria e pelos anos, queremos acreditar que nossos bons pobres não estão tomados por nenhum tom irônico. A ironia é uma virtude que corrói; e um bom governador prefere os vícios que constroem.

O GOVERNADOR

E certo de que nada se mova! Sou o rei da imobilidade!

OS BÊBADOS DA TABERNA (*Em torno de nada.*)

Sim, sim, sim! Não, não, não! Que nada se mova, bom governador! Tudo gira à nossa volta, e isso é uma tortura! A gente quer que tudo pare! Chega de movimento! Vamos eliminar tudo, menos o vinho e a loucura.

O CORO

Nada mudou! Nada acontece, e nada aconteceu! As estações giram em torno de seu eixo, e no céu suave circulam astros sensatos, cuja tranquila geometria condena estas estrelas loucas e desatinadas, que incendeiam o céu com sua cabeleira em chamas, perturbam, com seu grito de alerta, a música suave dos planetas, transtornam, com o vento do seu curso, as gravitações eternas, fazem as constelações ranger e preparam, em todas as encruzilhadas do céu, colisões sinistras de astros. Na verdade, tudo está em seu lugar, o mundo se equilibra! É o meio-dia do ano, a estação alta e imóvel! Felicidade, felicidade! É verão! Que mais importa? A felicidade é o nosso orgulho.

OS ALCAIDES

Se o céu tem seus hábitos, agradeça ao governador, o rei do hábito. Tampouco lhe agrada a cabeleira desgrenhada. Todo o seu reino está bem penteado!

O CORO

Prudência, vamos ser sensatos, pois nada mudará jamais! O que faríamos descabelados pelo vento, os olhos em chamas e o estridor na boca? Nos orgulharíamos da felicidade dos outros.

OS BÊBADOS (*Em torno de nada.*)

Vamos eliminar o movimento, eliminar, eliminar! Ninguém se mova! Vamos deixar correr as horas, este reino não terá história! A estação imóvel é a melhor — quanto mais quente, mais a gente bebe!

Mas o tema sonoro de alerta, que zunia baixo um pouco antes, sobe imediatamente ao agudo, enquanto duas fortes pancadas ressoam. Sobre o tablado, um comediante que avança para o público, continuando sua pantomima, cambaleia e cai no meio da multidão, que o cerca imediatamente. Nem mais uma palavra,

*nem mais um gesto: o silêncio é total. Alguns segundos
de imobilidade, e a movimentação é geral. Diego abre
caminho no meio da multidão, que se afasta lentamente, e vê o homem. Dois médicos chegam, examinam o
corpo, e depois se afastam e discutem agitadamente.
Um jovem pede explicações a um dos médicos, que faz
gestos negativos. O jovem o pressiona e, encorajado pela
multidão, força-o a responder, sacode-o, subjuga-o, até
se encontrar, finalmente, com os lábios quase colados
aos do médico. Um ruído de aspiração, e ele faz como
se estivesse bebendo uma palavra da boca do médico.
Afasta-se e, a custo, como se a palavra fosse muito grande para sua boca, e fosse preciso muito esforço para se
livrar dela, pronuncia:*

O HOMEM

A Peste.

*Todos dobram os joelhos e cada um repete a palavra, cada
vez mais forte e cada vez mais rápido, enquanto todos fogem, fazendo círculos sobre a cena em torno do governador recolocado em seu estrado. O movimento se acelera, se
intensifica, enlouquecido, até que as pessoas
se imobilizam em grupos, quando se
ouve a voz do velho cura.*

O CURA

Para a igreja, para a igreja! Chegou a punição. O velho mal está na cidade! O céu sempre o envia às cidades corrompidas pelo pecado mortal para puni-las com a morte. Os gritos de suas bocas mentirosas serão sufocados e um ferro em brasa marcará seus corações. Orem ao Deus justo para que Ele esqueça e perdoe. Entrem na igreja! Entrem na igreja!

Alguns correm desordenadamente para a igreja. Os outros giram mecanicamente para a direita e para a esquerda, enquanto soa o sino dos mortos. No terceiro plano, o astrólogo, como se fizesse um relatório ao governador, fala em um tom natural.

O ASTRÓLOGO

Uma conjunção maligna de planetas hostis acaba de se formar no plano dos astros. Ela anuncia: seca, fome e peste, para todos...

Um grupo de mulheres domina a cena com sua tagarelice.

— Tinha um bicho enorme na garganta dele, chupando o sangue com um barulho de ralo!
— Era uma aranha, uma aranha negra enorme!
— Verde, era verde!
— Não! Era um lagarto!
— Você não viu nada! Era um polvo grande como um anão.

— Diego, onde está Diego?
— Devem ser tantos mortos... não vai sobrar ninguém para enterrá-los!
— Ah! Se eu pudesse ir embora!
— Ir embora! Sumir daqui!

VITÓRIA

— Diego, onde está Diego?

Durante esta cena, o céu se encheu de sinais e o zunido de alerta aumentou, acentuando o terror geral. Com o rosto iluminado, um homem sai de casa gritando: "Em quarenta dias, o fim do mundo!" e novamente as pessoas em pânico andam em círculos, repetindo: "Em quarenta dias! Em quarenta dias, o fim do mundo." Os guardas vêm deter o homem iluminado. Do outro lado, aparece uma feiticeira distribuindo remédios.

A FEITICEIRA

Erva-cidreira, menta, sálvia, alecrim, tomilho, açafrão, casca de limão, pasta de amêndoa... atenção, atenção estes remédios são tiro e queda.

Um tipo de vento frio sopra, enquanto o sol começa a se pôr, e faz as cabeças se erguerem.

A FEITICEIRA

O vento! O vento! A praga odeia o vento. Tudo vai melhorar, podem crer!

Ao mesmo tempo, o vento para, o zunido volta ao agudo, as duas batidas repercutem, ensurdecedoras e um pouco mais próximas. Dois homens tombam no meio da multidão. Todos dobram os joelhos e, recuando, começam a se afastar dos corpos. Apenas a feiticeira permanece, tendo os dois homens a seus pés com marcas no pescoço e na virilha. Os doentes se contorcem, fazem dois ou três gestos e morrem. A noite cai lentamente sobre a multidão que sai de cena, deixando os cadáveres ao centro. Escuridão. Luz na igreja. Luz na fachada do palácio do rei. Luz na casa do juiz. As cenas se alternam.

No palácio

O PRIMEIRO ALCAIDE

Alteza, a epidemia está se alastrando mais depressa do que podemos socorrer. Os bairros estão mais contaminados do que se pode imaginar. Na minha opinião, é melhor esconder a situação e não dizer a verdade por preço algum. Mas, por enquanto, a doença só está atacando os bairros mais afastados, pobres e de gente amontoada. Nesse quadro de desgraça, não deixa de ser uma notícia boa.

Murmúrios de aprovação.

Na igreja

O CURA

Aproximem-se e confessem o que já fizeram de pior. Abram seus corações, em público, seus malditos! Digam o mal que cometeram ou que pensaram cometer. Senão o veneno do pecado haverá de sufocá-los e levá-los ao inferno, como os tentáculos invisíveis da peste... Da minha parte, acuso-me de não ter sido suficientemente caridoso.

*Três pessoas se confessam em mímica
durante o diálogo que se segue.*

No palácio

O GOVERNADOR

Não, tudo vai se arranjar. O chato é que eu ia caçar. Estas coisas só acontecem quando a gente tem algo importante para fazer.

O PRIMEIRO ALCAIDE

Não, não deixe de ir à caça, deve dar o exemplo. Mostre à cidade a mesma fronte serena que sabe mostrar diante da adversidade.

Na igreja

TODOS

Perdoai-nos, meu Deus, pelo que fizemos e pelo que não fizemos.

Na casa do juiz

O juiz lê salmos, cercado por sua família.

O JUIZ

"O senhor é meu refúgio e minha fortaleza,
Pois é Ele que me protege da armadilha do caçador de passarinho.
E da peste mortífera!"

A MULHER

Podemos sair?

O JUIZ

Mulher, você já saiu demais nesta vida; e isto não trouxe a nossa felicidade.

A MULHER

Mas a Vitória ainda não voltou. E temo que ela seja atingida pelo mal.

O JUIZ

Você nunca temeu o mal para si. Perdeu a honra por causa disso. Fique, este é um lugar tranquilo no meio do flagelo. Já pensei em tudo: vamos ficar aqui entrincheirados nestes tempos de peste. Vamos esperar o fim. Com a ajuda de Deus, não vamos sofrer nada.

A MULHER

Você tem razão. Mas todo mundo está sofrendo, não apenas nós. Até Vitória pode estar em perigo.

O JUIZ

Ah, deixe os outros para lá; pense nesta casa. Pense no seu filho. Mande buscar as provisões que conseguir. Pague qualquer preço. Chegou a hora de armazenar! Vamos, armazene, mulher! Vamos armazenar! (*Ele lê:*) "O senhor é meu refúgio e minha fortaleza..."

Na igreja

Retorna-se à sequência.

O CORO

"Nada terás a temer
Nem os terrores da noite
Nem as flechas voadoras do dia
Nem a peste que caminha na sombra
Nem a epidemia que se arrasta ao meio-dia."

UMA VOZ

O grande e terrível Deus!

*Luz sobre a praça. O povo perambula
ao ritmo de uma quadra.*

O CORO

Assinaste na areia,
Escreveste no mar,
Só te resta a dor.

Entra Vitória. Luz sobre a praça.

VITÓRIA

Diego, onde está Diego?

UMA MULHER

Está lá com os doentes, cuidando de quem o chama.

Ela corre para sair da cena e se choca com Diego, que tira a máscara dos médicos da peste. Ela recua, gritando.

DIEGO (*Docemente.*)

Eu provoco tanto medo assim, Vitória?

VITÓRIA

Ah! Diego, até que enfim o encontrei! Tire esta máscara e me abrace. Abrace-me bem forte e me livre deste mal!

Ele não se mexe.

VITÓRIA

Mas, afinal, o que aconteceu entre nós? Estou procurando você há horas, correndo pela cidade, apavorada com a ideia de que você também tivesse sido atingido pelo mal e o encontro assim? Com esta máscara de doença e tormento? Tire a máscara, eu imploro. Me abrace! (*Ele tira a máscara.*). Quando vejo suas mãos, minha boca fica seca. Venha, me beije!

Ele não se mexe.

VITÓRIA (*Mais baixo.*)

Me beije, mate a minha sede. Apenas ontem ficamos comprometidos, já esqueceu? Fiquei a noite toda acordada, esperando este dia em que você deveria me beijar. Vamos! Beije!

DIEGO

Eu tenho piedade, Vitória!

VITÓRIA

Eu também; mas antes tenho piedade de nós. Por isso o procurei, gritando pelas ruas, correndo com os braços abertos para prendê-los aos seus!

Ela avança para ele.

DIEGO

Não me toque! Afaste-se!

VITÓRIA

Mas por quê?

DIEGO

Não me reconheço mais. Nunca tive medo de homem algum, mas isto é mais forte do que eu. A honra já não me serve de nada, estou abandonado. (*Ela avança para ele.*) Não me toque! Talvez o mal já esteja em mim e posso contaminá-la. Espere um pouco... estou sem respirar, estou apavorado. Já não sei sequer como carregar estes homens e colocá-los na cama. Minhas mãos tremem de horror e a piedade me cega os olhos. (*Gritos e gemidos.*) E mesmo assim me chamam, está ouvindo? Preciso ir. Mas cuide-se. Cuide de nós. Tudo isto vai acabar, tenho certeza!

VITÓRIA

Não me abandone.

DIEGO

Tem de acabar. Sou jovem e amo você muito. Mas a morte me horroriza.

VITÓRIA (*Jogando-se sobre ele.*)

Mas eu... eu estou viva!

DIEGO (*Ele recua.*)

Que vergonha, Vitória, que vergonha.

VITÓRIA

Vergonha? Por que vergonha?

DIEGO

Acho que estou com medo.

Ouvem-se gemidos. Ele corre na direção dos gemidos.
O povo perambula ao ritmo de uma quadra.

O CORO

Quem se engana e quem tem razão?
Pensa
Que tudo aqui embaixo é falso
E que a única verdade é o caixão.

*Luz sobre a igreja e sobre o palácio do governador.
Salmos e preces na igreja. Do palácio, o primeiro
alcaide se dirige ao público.*

O PRIMEIRO ALCAIDE

Ordem do governador. De hoje em diante, em sinal de penitência em face da desgraça comum, e para evitar os riscos de contágio, ficam proibidas todas as reuniões públicas, bem como qualquer divertimento. De mais a mais...

UMA MULHER (*Começa a urrar no meio do povo.*)

Lá! Lá! Estão escondendo um morto. Não deixem! Vai empestear tudo! Ah! Meu Deus, que vergonha! É preciso enterrar!

Desordem. Dois homens saem, arrastando a mulher.

O ALCAIDE

... de mais a mais, o governador está em condição de tranquilizar os cidadãos sobre a evolução desse mal que se abateu sobre a cidade. De acordo com o parecer dos médicos, basta que o vento do mar sopre para que a peste recue. Com a ajuda de Deus...

*Mas dois grandes golpes surdos o interrompem, seguidos
por mais dois outros, enquanto o sino dos mortos dobra
e ouve-se o rumor das preces na igreja. Silêncio aterrorizante. Entram dois personagens estrangeiros, um homem
e uma mulher, a quem todos acompanham com os olhos.*

*O homem é corpulento, a cabeça descoberta. Ele se veste
com uma espécie de uniforme que tem uma condecoração.
A mulher também usa um uniforme, porém com colari-
nho e mangas brancas. Traz um bloco de notas
nas mãos. Eles avançam até o palácio
do governador e saúdam.*

O GOVERNADOR

O que querem de mim, estrangeiros?

O HOMEM (*Em tom cortês.*)

O seu lugar.

TODOS

Como assim? O que ele está dizendo?

O GOVERNADOR

Escolheram o momento errado. Este atrevimento vai lhes custar caro. Mas será que estamos entendendo direito? Quem são vocês?

O HOMEM

Adivinhe!

O PRIMEIRO ALCAIDE

Não sei quem são, estrangeiros, mas sei onde vocês vão acabar!

O HOMEM (*Muito calmo.*)
Estou impressionado! O que acha, minha querida amiga? Vou precisar dizer quem sou?

A SECRETÁRIA
Em geral, somos mais gentis.

O HOMEM
Mas estes senhores estão com pressa.

A SECRETÁRIA
Devem ter lá suas razões, não há dúvida. Além disso, somos visitantes e devemos nos curvar aos costumes do lugar.

O HOMEM
Compreendo. Mas isto não iria confundir estas boas almas?

A SECRETÁRIA
Antes uma confusão do que uma indelicadeza.

O HOMEM
Faz sentido. Mas me restam ainda alguns escrúpulos...

A SECRETÁRIA
Das duas, uma...

O HOMEM

Estou escutando...

A SECRETÁRIA

O senhor deve dizer do que se trata ou não. Se disser, saberão; se não disser, serão informados.

O HOMEM

Pronto, estou convencido.

O GOVERNADOR

Em todo caso, já basta! Antes de tomar as medidas cabíveis, dou ainda uma última oportunidade de dizer quem são e o que desejam.

O HOMEM (*Sempre natural.*)

Eu sou a peste. E o senhor?

O GOVERNADOR

A peste?

O HOMEM

E preciso do seu lugar. Estou triste, acredite, mas vou ter muito o que fazer. Se eu lhe desse... digamos, duas horas; seria suficiente para me passar seus poderes?

O GOVERNADOR

Desta vez vocês foram longe demais! Serão punidos severamente por esta impostura. Guardas!

O HOMEM

Espere! Não quero forçar ninguém. Sou correto por princípio. Compreendo que minha conduta parece surpreendente; afinal de contas, o senhor não me conhece. Mas desejo, sinceramente, que me ceda seu lugar sem que eu seja obrigado a provar nada. Não confia na minha palavra?

O GOVERNADOR

Não tenho tempo a perder, e esta brincadeira já durou muito. Prendam este homem!

O HOMEM

É, tenho de me resignar... mas isto é tão chato. Querida amiga, queira, por gentileza, executar uma radiação.

Ele estende o braço para um dos guardas. A secretária risca ostensivamente alguma coisa em seu bloco de notas. Um estrondo ressoa. O guarda tomba.
A secretária o examina.

A SECRETÁRIA

Tudo está na mais perfeita ordem, Excelência. As três marcas estão lá. (*Aos outros, amavelmente.*) Uma marca, suspeito; duas, contaminado e três, a radiação está completa. Nada mais simples.

O HOMEM

Ah! Esqueci de apresentar minha secretária. Aliás, já a conhecem... mas é tanta gente por aí...

A SECRETÁRIA

Eles estão desculpados! E depois, sempre acabam lembrando de mim.

O HOMEM

Um temperamento alegre, como verão! Alegre e contente pela própria índole...

A SECRETÁRIA

Não é mérito meu. O trabalho é mais fácil entre flores e sorrisos.

O HOMEM

Este princípio é excelente. Mas voltemos à vaca fria! (*Ao governador.*) Não dei uma prova suficiente de seriedade? E você não diz nada? Bem, vejo que o assustei. Mas, acredite, não é do meu feitio. Preferiria um acordo de cavalheiros na base da confiança recíproca, garantido pela minha palavra e pela sua e estabelecido com honra. E não é tarde para firmá-lo. A prorrogação de duas horas é suficiente?

O governador balança a cabeça, negando.

O HOMEM (*Voltando-se para a secretária.*)
Como é desagradável!

A SECRETÁRIA (*Balançando a cabeça.*)
Um teimoso! Quantos contratempos!

O HOMEM (*Ao governador.*)
Faço questão de obter seu consentimento. Eu não queria fazer nada sem sua permissão porque estaria contrariando meus princípios. Minha assistente vai executar tantas radiações quantas forem necessárias a fim de obter do senhor a livre aprovação para a pequena reforma que estou propondo. Pronta, querida amiga?

A SECRETÁRIA
O tempo de apontar meu lápis, e tudo vai ficar melhor e no melhor dos mundos.

O HOMEM (*Suspirando.*)
Sem seu otimismo, este trabalho seria tão penoso!

A SECRETÁRIA (*Apontando o lápis.*)
A secretária perfeita está segura de que tudo pode se arranjar sempre, não há erro de contabilidade que não possa ser reparado, nem um encontro a que se faltou que não possa ser remarcado. Não há desgraça que não tenha um lado bom. A própria

guerra tem lá suas virtudes, e mesmo os cemitérios podem ser um bom negócio, se as concessões de perpetuidade forem renovadas de dez em dez anos.

O HOMEM

O que diz é ouro puro... O lápis está apontado?

A SECRETÁRIA

Sim, podemos começar.

O HOMEM

Vamos!

O homem designa Nada, que se aproximou, mas ele dá uma gargalhada de bêbado.

A SECRETÁRIA

Bem, será que eu poderia dizer que este é daqueles que não creem em nada? É um tipo bem útil!

O HOMEM

Claro. Por que não começamos, então, por um dos alcaides?

Pânico entre os alcaides.

O GOVERNADOR

Parem!

A SECRETÁRIA

Bom sinal, Alteza!

O HOMEM (*Solícito.*)

Posso ser útil em alguma coisa, governador?

O GOVERNADOR

Se ceder o meu lugar, você poupará minha vida, a vida dos meus e a dos alcaides?

O HOMEM

Mas é claro, é o costume!

O governador conferencia com os alcaides,
e depois se volta para o povo.

O GOVERNADOR

Povo de Cádiz! Estou seguro de que todos compreendem que agora tudo mudou. Para o seu próprio interesse, talvez seja conveniente que eu deixe esta cidade entregue a esta nova potência que acaba de se manifestar. O acordo que firmei evitará, sem sombra de dúvida, o pior, e vocês terão, assim, a certeza de que fora dos muros há um governo que lhes poderá ser útil algum dia. Não preciso dizer que não é pela minha segurança que estou zelando, mas...

O HOMEM

Perdoe-me se interrompo. Mas eu ficaria feliz de vê-lo esclarecer publicamente que aprovou, de bom grado, estas úteis disposições, e que se trata, naturalmente, de um acordo livre.

O governador olha para o lado, e a secretária leva o lápis à boca.

O GOVERNADOR

Claro está que foi livremente que firmei este novo acordo.

Ele balbucia, recua e foge. O êxodo começa.

O HOMEM (*Ao primeiro alcaide.*)

Ei, não vá embora assim tão depressa! Preciso de alguém que tenha a confiança do povo, por meio de quem minhas vontades sejam conhecidas. (*O primeiro alcaide hesita.*) Você aceita, naturalmente...? (*À secretária.*) Querida amiga...

O PRIMEIRO ALCAIDE

Mas é claro... É uma grande honra.

O HOMEM

Perfeito. Nessas condições, querida amiga, comunique sempre ao alcaide nossas resoluções, que devem ser conhecidas por esta boa gente, para que comece a viver dentro do regulamento.

A SECRETÁRIA

Ordem concebida e publicada pelo primeiro alcaide e seus conselheiros...

O PRIMEIRO ALCAIDE

Mas eu ainda não concebi nada...

A SECRETÁRIA

É um trabalho a menos. E olhe que você deveria ficar agradecido por termos redigido o que vai ter a honra de assinar.

O PRIMEIRO ALCAIDE

Sem dúvida, mas...

A SECRETÁRIA

Ordem dada pela ata promulgada em plena obediência às vontades de nosso bem-amado soberano para a regulamentação e assistência caridosa dos cidadãos atingidos pela infecção; e para a designação de todas as regras e de todo o pessoal, tais como vigilantes, guardiões, executores e coveiros, que jurarão aplicar, estritamente, as ordens dadas.

O PRIMEIRO ALCAIDE

Mas que linguagem é esta?

A SECRETÁRIA

É para habituá-los a um pouco de obscurantismo. Quanto menos compreenderem, melhor aceitarão. Isto posto, aqui estão as ordens que vão anunciar pela cidade, uma após a outra, para que fique mais fácil a digestão, mesmo para os espíritos mais lentos. Eis os mensageiros, seus rostos amáveis ajudarão a fixar a lembrança de suas palavras.

Os mensageiros se apresentam.

O POVO

O governador está fugindo! O governador está fugindo!

NADA

Está no seu direito, povo! Está no seu direito! O Estado é ele, e o Estado tem de ser protegido.

O POVO

O Estado era ele, agora não é mais nada. Como ele está indo embora, a Peste vai ser o Estado.

NADA

Que diferença faz? Peste ou governador: o Estado é sempre o Estado.

O povo vaga como se procurasse saídas.
Um mensageiro se adianta.

O PRIMEIRO MENSAGEIRO

Todas as casas infectadas deverão ter, no meio da porta, uma estrela negra com a inscrição: "Somos todos irmãos." A estrela deverá ficar até a reabertura da casa, sob pena dos rigores da lei.

Ele se retira.

UMA VOZ

Que lei?

UMA OUTRA VOZ

A nova, é claro.

O CORO

Nossos senhores diziam que nos protegeriam. E agora estamos sozinhos. Brumas terríveis estão se avolumando pelos quatro cantos da cidade, dissipando, aos poucos, o cheiro das frutas e das rosas, ofuscando a glória da estação, sufocando a alegria do verão. Ah, Cádiz, cidade marítima! Ainda ontem, o vento do deserto espesso pelos jardins africanos deixou nossas mulheres lânguidas. Mas o vento parou! Apenas ele poderia purificar nossa cidade. Nossos senhores diziam que nada aconteceria, e eis que o outro tinha razão, alguma coisa está acontecendo, e afinal cá estamos convivendo com esta coisa. Resta fugir, fugir antes que seja tarde, antes que as portas se fechem sobre nossa desgraça.

O SEGUNDO MENSAGEIRO

Todos os artigos de primeira necessidade estarão, a partir de agora, à disposição da comunidade; ou seja, serão distribuídos, em partes iguais e ínfimas, a todos aqueles que provarem sua lealdade à nova sociedade.

A primeira porta se fecha.

O TERCEIRO MENSAGEIRO

Todas as fontes de luz deverão ser apagadas às nove horas da noite, e nenhum indivíduo poderá permanecer em lugar público, ou circular pelas ruas da cidade sem um passe, devidamente carimbado, entregue apenas em alguns poucos casos e sempre de modo arbitrário. Quem contrariar estas disposições será punido com o rigor da lei.

VOZES (*Crescendo.*)

— Estão fechando as portas.
— As portas já estão fechadas.
— Não, não, nem todas estão fechadas.

O CORO

Ah! Vamos correr para as portas que ainda estão abertas. Somos os filhos do mar. Lá, lá, temos de chegar lá, ao país sem muralhas e sem portas, às praias virgens de areias frescas como lábios, onde o olhar se perde na distância. Vamos correr ao encontro do vento. Ao mar! O mar, o mar livre, a água que lava, o vento que liberta!

VOZES

Ao mar! Ao mar!

O êxodo se apressa.

O QUARTO MENSAGEIRO

Está totalmente proibida a assistência a qualquer pessoa atacada pela doença, a não ser denunciando-a às autoridades, que se encarregarão dela. A denúncia entre os membros de uma mesma família é particularmente recomendada e será recompensada com uma dupla ração alimentar, chamada ração cívica.

A segunda porta se fecha.

O CORO

Ao mar! Ao mar! O mar há de nos salvar. Ele não quer saber das doenças e das guerras, já viu e acobertou muitos governos! Quer apenas oferecer as manhãs vermelhas e as tardes verdes e, ao longo da noite, bater incessantemente suas águas debaixo do céu estrelado!

Oh! Solidão, deserto, batismo de sal! Ficar só diante do mar, contra o vento, rosto ao sol; libertado, enfim, das cidades lacradas feito tumbas, e das caras transidas pelo medo. Depressa! Depressa! Quem me libertará do homem e seus terrores? Eu estava feliz no apogeu do ano, largado entre frutas, a natureza sempre igual, e o bem-amado verão. Amava o mundo, era a Espanha e eu. Mas já não escuto o barulho das ondas. Aqui, os clamores, o pânico, o insulto e a covardia; aqui, meus irmãos carregados de suor e angústia, agora fardos pesados demais para se arrastar. Quem me devolverá os mares do esquecimento? Quem me devolverá a água calma do alto-mar e seus caminhos? Ao mar! Ao mar, antes que as portas se fechem!

UMA VOZ

Depressa! Não encoste! Ele estava próximo ao morto!

UMA VOZ

Está marcado!

UMA VOZ

Afastem-se! Afastem-se!

Eles o golpeiam. A terceira porta se fecha.

UMA VOZ

O grande e terrível Deus!

UMA VOZ

Depressa! Pegue o que for preciso: o colchão e a gaiola dos passarinhos! Ei, não esqueça a coleira do cachorro e o pote de menta fresca! A gente vai comendo até chegar ao mar!

UMA VOZ

Ladrão! Ladrão! Roubou a toalha do meu casamento!

Perseguição. Atingem. Ferem. A quarta porta se fecha.

UMA VOZ

Vá, esconda isso, esconda nossas provisões!

UMA VOZ

Não tenho nada para a caminhada. Pelo amor de Deus, dê-me um pão, mano; e eu lhe darei minha guitarra cravejada de pérolas.

UMA VOZ

Este pão é para os meus filhos, não para quem se diz meu irmão. Existem graus de parentesco.

UMA VOZ

Um pão, todo o meu dinheiro por um único pão.

A quinta porta se fecha.

O CORO

Depressa! Apenas uma porta ainda está aberta! A praga corre mais rápido que nós. Ela odeia o mar e não quer que o encontremos. As noites são tranquilas, as estrelas passeiam sobre o mastro. O que faria a peste aqui? Ela quer nos abrigar, ama-nos a seu modo. Quer que sejamos felizes como ela entende, e não como queremos. São os prazeres forçados, a vida fria, a felicidade eterna. Tudo se fixa; já não se sente mais nos nossos lábios o antigo frescor do vento.

UMA VOZ

Padre, não me abandone, sou seu pobre.

O padre foge.

O POBRE

Está fugindo! Está fugindo! Proteja-me, deixe que eu fique perto! É seu dever cuidar de mim! Se eu o perco, então tudo estará perdido!

O padre escapa. O pobre tomba gritando.

O POBRE

Cristãos da Espanha, vocês estao abandonados!

O QUINTO MENSAGEIRO (*Separando as palavras.*)
Enfim, e isto será o resumo.

A Peste e sua secretária, diante do primeiro alcaide, aprovam e se congratulam.

O QUINTO MENSAGEIRO

Para evitar todo contágio pela comunicação do ar, pois as próprias palavras podem ser o veículo da infecção, fica ordenado, a todos os habitantes, que mantenham constantemente na boca um tampão embebido em vinagre, que os preservará do mal e os induzirá à discrição e ao silêncio.

A partir deste momento, cada personagem coloca um lenço na boca e o número de vozes diminui, assim como a orquestra. O coro, que começou com várias vozes, acabará com uma única voz até a pantomima final, que se desenvolve em absoluto silêncio. As bocas dos personagens inchadas e fechadas. A última porta se fecha com um golpe brusco.

O CORO

Desgraça! Desgraça! Agora estamos sozinhos: nós e a Peste! A última porta se fechou! Já não se ouve mais nada. O mar agora está longe demais. Estamos no meio da dor, dando voltas nesta cidade estreita, sem árvores nem água, trancada por altas portas lisas, coroada por uma multidão ululante. Cádiz, enfim, como a arena negra e vermelha onde acontecerão os assassinatos rituais. Irmãos, esta punição é maior do que nosso pecado — não merecemos esta prisão! Nosso coração não era inocente, mas amávamos o mundo e seus verões; isto seria o bastante para nos salvar! Os ventos pararam e o céu está vazio! Vamos nos calar por muito tempo. Mas, ainda uma última vez, antes que nossas bocas sejam amordaçadas pelo terror: vamos gritar pelo deserto!

Gemidos e silêncio.
Da orquestra, restam apenas os sinos. O zunido do cometa recomeça suavemente. Do palácio do governador reaparecem a Peste e sua secretária. A secretária avança, riscando um nome a cada passo, enquanto a bateria marca cada um dos seus gestos. Nada ri com escárnio e a primeira carroça dos mortos passa rangendo.
A Peste se ergue no alto do cenário e faz um sinal.
Tudo para, movimentos e ruídos.
A Peste fala.

A PESTE

Eu reino, é um fato, logo um direito. No entanto, um direito que não se discute: vocês têm de se adaptar.

Porém, não se enganem: se reino, é à minha maneira, e é justo dizer como funciono. Vocês, espanhóis, são um tanto imaginativos e facilmente me veriam como um rei negro ou um suntuoso inseto. Falta-lhes o patético, já é sabido! Pois bem! Não, eu não empunho um cetro, e tenho ares de suboficial. É minha maneira de envergonhá-los; porque é bom que estejam envergonhados: vocês têm muito que aprender. Seu rei tem as unhas negras e o uniforme sóbrio. Não reina, sitia. Seu palácio é um quartel; seu pavilhão de caça, um tribunal. Fica proclamado o estado de sítio.

Por isso, o patético desaparece quando chego. Fica proibido o patético, bem como outras pilhérias como a ridícula angústia da felicidade, o rosto idiota dos apaixonados, a contemplação egoísta das paisagens e a maldita ironia. Em lugar de tudo isto, trago a organização. No início, talvez fiquem um pouco incomodados, mas vão compreender, mais cedo ou mais tarde, que mais vale uma boa organização do que um patético ruim. E para ilustrar este belo pensamento, começo por separar os homens das mulheres: isto terá força de lei.

Assim fazem os guardas.

A PESTE

Suas macaquices chegaram ao fim. Vamos falar sério!

Acho que já me entenderam. A partir de hoje, vocês vão aprender a morrer em ordem. Até hoje, vocês morriam à espanhola, um pouco ao acaso, fortuitamente, por assim dizer. Morriam porque fazia frio após ter feito calor, porque suas mulas tropeçavam, porque a linha dos Pireneus estava azul, porque na primavera o rio Guadalquivir é atraente para o solitário, ou porque existem imbecis malcriados, que matam em proveito próprio ou pela honra, quando é muito mais distinto matar pelos prazeres da lógica. Sim, vocês morrem muito mal. Um morto aqui, outro acolá, um na cama, o outro na arena: libertinagem total. Mas, felizmente, esta desordem será administrada. Uma única morte pra todos; e de acordo com a bela ordem de uma lista. Todos terão suas fichas, ninguém morrerá mais por capricho. O destino, a partir de agora, é programado, já instalou seus escritórios. Vocês irão figurar nas estatísticas e, enfim, servirão para alguma coisa. Ah! Ia me esquecendo de dizer, vocês morrerão, claro está, mas serão incinerados em seguida, ou mesmo antes: é mais limpo e faz parte do plano. A Espanha em primeiro lugar!

Pôr-se em fila para morrer bem, isto é o principal! A este preço, gozarão de meus favores. Mas atenção às ideias insensatas, aos furores da alma, como vocês dizem, com as pequenas febres que fazem as grandes rebeliões. Acabei com estas complacências e coloquei a lógica em seu lugar. Abomino a diferença e a falta de razão. A partir de hoje serão racionalizados, ou seja, terão suas insígnias. Marcados nas virilhas, portarão publicamente, sob as axilas, a "estrela do tumor", que os designará para serem golpeados. Os outros, convencidos de que nada disto lhes diz respeito, esperarão na fila, na arena do domingo. Certamente se afastarão de vocês, os suspeitos. Mas nada de rancores: isto também lhes diz respeito. Eles estão na lista e eu não me esqueço de ninguém. Todos suspeitos, é um bom começo.

Porém, nada disso impede sentimentalismos. Amo os pássaros, as flores, os lábios vermelhos das moças. De vez em quando, é refrescante, e é bem verdade que sou um idealista. Meu coração... bem, meu coração está amolecendo e não quero ir além. Em resumo: trago o silêncio, a ordem, e a justiça absoluta. Não espero agradecimentos, o que faço por vocês é natural. Mas exijo colaboração ativa. Meu ministério começou.

PANO

Segunda Parte

Uma praça de Cádiz. Do lado esquerdo, a portaria do cemitério. Do lado direito, um cais. Próximo ao cais, a casa do juiz.

Ao levantar-se o pano, os coveiros, com uniforme de presidiário, carregam os mortos. Ouve-se o ranger da carroça nos bastidores. Ela entra e para no meio da cena. Os presidiários a arrastam. Ela parte para a portaria. Nesse instante, ouve-se música militar e o portão abre um dos lados para o público. Parece um pátio de escola. Ali, a secretária comanda a situação. Um pouco mais abaixo, mesas em que se distribuem cartões de abastecimento. Atrás de uma delas, o primeiro alcaide com seu bigode branco, cercado de funcionários. A música aumenta. Do outro lado, os guardas empurram o povo para a entrada e para dentro da portaria, homens e mulheres separados.

Luz ao centro. Do alto de seu palácio, a Peste dirige operários invisíveis, dos quais apenas se percebe a agitação.

A PESTE

Vamos, apressem-se. As coisas andam muito devagar nesta cidade. Este povo não é trabalhador. Logo se vê que gosta mesmo é da preguiça. Eu só admito o ócio nas fortalezas e nas filas de espera. Este sim é um ócio bom: não serve para nada, e esvazia o coração e as pernas. Vamos, mais depressa! Acabem logo de assentar minha torre, pois estamos sem vigilância. E fechem a cidade com uma cerca de espinhos. Cada um tem a sua primavera — a minha dá rosas de ferro. Acendam os fornos, são os nossos fogos de artifício. Guardas! Preguem nossas estrelas nas casas que pretendo usar. E você, minha querida amiga, comece a redigir as listas e providencie os certificados de existência!

A Peste sai do outro lado.

O PESCADOR (*É o corifeu.*)
Um certificado de existência? Para quê?

A SECRETÁRIA
Para quê? Como vocês viveriam sem um certificado de existência?

O PESCADOR
Até hoje temos vivido muito bem sem ele.

A SECRETÁRIA
Isso porque vocês não eram governados, mas agora são. E o princípio básico do nosso governo é: sempre se precisa de um certi-

ficado. A gente pode passar sem pão e sem mulher; mas de um atestado de acordo com as regras e que certifique algo, ah!, sem isso a gente não pode viver.

O PESCADOR

Há três gerações minha família trabalha honestamente, jogando a rede. Nunca houve um papel escrito, eu juro.

UMA VOZ

Somos açougueiros de pai para filho. E, para abater um carneiro, a gente não precisa de certificado.

A SECRETÁRIA

Vocês viviam na anarquia, é isso! Olhe, a gente não tem nada contra os matadouros, muito pelo contrário! A gente está apenas trazendo a eficácia da contabilidade. Esta é a nossa superioridade. Quanto às redes, vocês vão ver que não vamos decepcionar.
    Senhor primeiro alcaide, já está com os formulários?

O PRIMEIRO ALCAIDE

Aqui estão.

A SECRETÁRIA

Guardas, queiram ajudar este senhor a se aproximar.

Eles fazem o pescador se aproximar.

O PRIMEIRO ALCAIDE *(Lê.)*

Nome, sobrenome, profissão.

A SECRETÁRIA

Pule isto. O senhor preenche as lacunas sozinho.

O PRIMEIRO ALCAIDE

Curriculum vitae.

O PESCADOR

Não estou entendendo.

A SECRETÁRIA

Você deve indicar, aqui, os acontecimentos importantes da sua vida. É uma maneira de conhecê-lo!

O PESCADOR

Minha vida me pertence. É privada, não diz respeito a ninguém.

A SECRETÁRIA

Privada! Estas palavras não fazem sentido para nós. Naturalmente, trata-se da sua vida pública. Aliás, a única autorizada a vocês. Senhor alcaide, passe aos detalhes.

O PRIMEIRO ALCAIDE

Casado?

O PESCADOR

Em 31.

O PRIMEIRO ALCAIDE

Motivos da união?

O PESCADOR

Motivos? Ah! Meu sangue está fervendo!

A SECRETÁRIA

Fica escrito. E é uma boa maneira de tornar público o que não será mais pessoal!

O PESCADOR

Eu me casei porque todo homem se casa.

O PRIMEIRO ALCAIDE

Divorciado?

O PESCADOR

Não, viúvo.

O PRIMEIRO ALCAIDE

Casou-se novamente?

O PESCADOR

Não.

A SECRETÁRIA

Por quê?

O PESCADOR (*Berrando.*)

Eu amava minha mulher.

A SECRETÁRIA

Que esquisito! Por quê?

O PESCADOR

E dá para explicar tudo?

A SECRETÁRIA

Numa sociedade bem organizada...

O PRIMEIRO ALCAIDE

Antecedentes...?

O PESCADOR

Mas, o que é isto agora?

A SECRETÁRIA

Já foi condenado por pilhagem, perjúrio ou estupro?

O PESCADOR
Nunca!

A SECRETÁRIA
Um homem honesto, eu já desconfiava! Senhor primeiro alcaide, acrescente aí: a ser vigiado.

O PRIMEIRO ALCAIDE
Sentimentos cívicos?

O PESCADOR
Sempre ajudei meus concidadãos. Nunca deixei um pobre partir sem um bom pescado.

A SECRETÁRIA
Esta maneira de responder não é autorizada.

O PRIMEIRO ALCAIDE
Oh! Isto eu posso explicar! Você sabe, os sentimentos cívicos são o meu departamento. Queremos saber, meu amigo, se você é dos que respeitam a ordem vigente pelo simples fato de que ela existe.

O PESCADOR
Sim, se for justa e razoável.

A SECRETÁRIA

Duvidosos! Escreva, senhor primeiro alcaide, que os sentimentos cívicos são duvidosos! Leia a última questão.

O PRIMEIRO ALCAIDE (*Decifrando com dificuldade.*)
Razões de ser?

O PESCADOR

Quero que minha mãe seja mordida no lugar do pescado, se eu compreendo alguma coisa deste jeito de falar.

A SECRETÁRIA

A pergunta é para saber as razões que tem para estar vivo.

O PESCADOR

As razões? Que razões você espera que eu tenha?

A SECRETÁRIA

Já vi! Senhor primeiro alcaide, anote: o abaixo assinado reconhece que não tem nenhuma razão para viver. Na hora certa, será mais fácil nos livrarmos dele. E você, abaixo assinado, vai compreender melhor por que o certificado de existência, que lhe será entregue, é provisório, e com prazo fixo.

O PESCADOR

Provisório ou não, me dê logo para eu voltar para casa. Estão me esperando.

*Ele sai. Durante este tempo, a carroça dos mortos chegou
à porta do cemitério e começam a descarregá-la.
Mas Nada, bêbado, salta berrando.*

NADA

Já disse que não estou morto! *(Querem recolocá-lo na carroça. Ele escapa e entra pela portaria.)* Que nada! Se eu estivesse morto, já estariam vendo! Oh! Perdão!

A SECRETÁRIA

Não foi nada. Aproxime-se.

NADA

Eles me colocaram na carroça. Eu tinha bebido muito, foi isso! É essa história de eliminar...

A SECRETÁRIA

Eliminar o quê?

NADA

Tudo, minha linda! Quanto mais se elimina, melhor as coisas andam. E se a gente elimina tudo, é o paraíso! Veja os apaixonados! Tenho horror a eles. Quando passam por mim, cuspo em cima. Nas suas costas, é claro, alguns são rancorosos! E as crianças, que corja suja! As flores, com esse ar idiota; os rios, incapazes de mudar de ideia! Ah! Eliminar, eliminar! Deus nega o mundo, eu nego a Deus. É a minha filosofia! Viva nada, a única coisa que existe!

A SECRETÁRIA

E como eliminar tudo isso?

NADA

Beber, beber até morrer, e tudo desaparece!

A SECRETÁRIA

Que técnica ruim! A nossa é muito melhor! Como você se chama?

NADA

Nada.

A SECRETÁRIA

Como?

NADA

Nada.

A SECRETÁRIA

Estou perguntando o seu nome.

NADA

Este é o meu nome.

A SECRETÁRIA

Bom sinal! Com um nome desses, a gente tem muito que fazer juntos! Passe para o lado de cá. Será funcionário do nosso reino. *(Entra o pescador.)* Senhor alcaide, queira instruir nosso amigo Nada. Enquanto isso, guardas, vendam nossas insígnias. *(Ela se aproxima de Diego.)* Bom dia. Gostaria de comprar uma insígnia?

DIEGO

Que insígnia?

A SECRETÁRIA

Ora, a insígnia da Peste. *(Pausa.)* Mas você é livre para recusá-la. Ela não é obrigatória.

DIEGO

Então, eu recuso.

A SECRETÁRIA

Muito bem. *(Dirigindo-se a Vitória.)* E você?

VITÓRIA

Eu não a conheço.

A SECRETÁRIA

Perfeito. Faço notar simplesmente que aqueles que recusam esta insígnia são obrigados a portar uma outra.

DIEGO

Qual?

A SECRETÁRIA

Bem, a insígnia daqueles que se recusam a usar a insígnia. Assim, sabemos, desde o primeiro momento, com quem estamos lidando.

O PESCADOR

Desculpe-me...

A SECRETÁRIA (*Voltando-se para Diego e Vitória.*)
Até breve! (*Ao pescador.*) O que foi agora?

O PESCADOR (*Com uma fúria crescente.*)
... mas estou vindo do primeiro andar, e lá me responderam que eu tinha de voltar aqui para obter o certificado de existência, sem o qual não me darão o certificado de saúde.

A SECRETÁRIA

É clássico!

O PESCADOR

Como assim, clássico?

A SECRETÁRIA

Sim, isso prova que esta cidade está começando a ser administrada. Estamos convictos de que são culpados.* Culpados de serem governados, é claro. Mas é preciso que vocês mesmos se sintam culpados. E não se culparão enquanto não se sentirem cansados. A gente está cansando vocês, é tudo. Quando estiverem exaustos, o resto vai por si.

O PESCADOR

Mas não posso, ao menos, receber este maldito certificado de existência?

A SECRETÁRIA

A princípio, não. Você precisa, antes, de um certificado de saúde para obter um certificado de existência. Aparentemente, não há saída.

O PESCADOR

E então?

A SECRETÁRIA

Então, resta a nossa boa vontade. Mas ela é de curto prazo, como toda boa vontade. Nós vamos lhe dar um certificado como um favor especial. Será válido por apenas uma semana. Em uma semana, veremos.

---

* Governo: "Em suma, o condenado foi obrigado a colaborar moralmente. Era seu interesse que tudo corresse sem empecilhos." (*O estrangeiro*). (*N. do editor francês*).

O PESCADOR

Veremos o quê?

A SECRETÁRIA

Veremos se é possível renovar.

O PESCADOR

E se ele não for renovado?

A SECRETÁRIA

Sua existência não terá mais garantia. Teremos de executar, então, uma radiação. Senhor alcaide, providencie este certificado em treze exemplares.

O PRIMEIRO ALCAIDE

Treze?

A SECRETÁRIA

Sim! Um para o interessado e doze para o bom funcionamento.

Luz ao centro.

A PESTE

Dê início aos grandes trabalhos inúteis. Você, querida amiga, traga o balanço das deportações e das concentrações. Ative a transformação dos inocentes em culpados para que a mão de obra lá seja suficiente. Deporte o que for importante. Seguramente, vamos precisar de homens! Como está o recenseamento?

A SECRETÁRIA

Está em curso, tudo vai bem, e me parece que esta boa gente me compreendeu!

A PESTE

Você se comove muito facilmente, minha querida amiga. Quer ser compreendida. Mas isso é uma falha em nosso *métier*. Esta "boa gente", como você diz, não compreendeu nada, é claro. Mas isso não tem a menor importância! O essencial não é que cada um deles compreenda, mas que se execute. Viu que expressão plena de sentido? Não acha?

A SECRETÁRIA

Que expressão?

A PESTE

"Se execute." Vamos, vocês, executem-se, executem-se! Hein? Que fórmula!

A SECRETÁRIA

Magnífica!

A PESTE

Magnífica! Tudo está aí! Primeiro, a imagem da execução, que é uma imagem emocionante. Depois, a ideia de que o executado colabora para a própria execução, o objetivo e a consolidação de todo bom governo!*

> *Um barulho ao fundo.*

A PESTE

O que é isto?

A SECRETÁRIA

São as mulheres que se agitam.

O CORO

Esta tem algo a dizer.

A PESTE

Aproxime-se.

UMA MULHER (*Aproximando-se.*)

Onde está meu marido?

A PESTE

Bem, bem! É o coração humano, como vocês dizem! O que aconteceu com seu marido?

---

* Governo: "Em resumo: o condenado era obrigado a colaborar moralmente. Era interesse seu que tudo corresse sem contratempos." (*O estrangeiro*). (*N. do editor francês.*)

A MULHER

Ele não voltou.

A PESTE

Que coisa vulgar! Não se preocupe, ele já encontrou uma cama.

A MULHER

É um homem e merece respeito.

A PESTE

Uma fênix, naturalmente! Cuide disso, querida amiga.

A SECRETÁRIA

Nome e sobrenome!

A MULHER

Galvez, Antonio.

A secretária olha seu caderno e fala ao ouvido da Peste.

A SECRETÁRIA

Bem, alegre-se, a vida dele está salva.

A MULHER

Que vida está salva?

A SECRETÁRIA

Uma vida boa.

A PESTE

Sim, deportei-o junto com alguns outros que faziam barulho. Mas depois resolvi poupá-los.

A MULHER

O que fez deles?

A PESTE (*Com uma raiva histérica.*)

Eu os concentrei. Até hoje, viviam espalhados e na frivolidade — um pouco dispersos, por assim dizer! Agora são um bloco coeso, concentraram-se!

A MULHER (*Fugindo em direção ao coro que se abre para acolhê-la.*)

Ah! Desgraça! Pobre de mim!

O CORO

Desgraça! A desgraça se abateu sobre nós!

A PESTE

Silêncio! Não fiquem aí parados! Façam alguma coisa! Ocupem-se! *(Sonhador.)* Eles se executam, se ocupam e se concentram. Que coisa boa é a gramática, serve para tudo!

Luz rápida na portaria onde Nada está sentado com o alcaide. Diante dele, filas de administrados.

UM HOMEM

A vida está mais cara e os salários não são suficientes.

NADA

Nós sabemos disso e aqui está a nova tabela. Acabou de ser reajustada.

O HOMEM

E qual é a porcentagem de aumento?

NADA (*Lendo.*)

É muito simples! Tabela número 108. "O decreto de revalorização dos salários interprofissionais e subsequentes estabelece a supressão do salário-base e liberação incondicional das escalas móveis, que recebem, assim, licença de chegar a um salário máximo, a ser previsto. As escalas, subtraindo os aumentos consentidos ficticiamente pela tabela número 107, continuarão sendo calculadas. No entanto, fora das modalidades propriamente ditas de reclassificação sobre o salário-base anteriormente suprimido."

O HOMEM

Mas qual é o aumento que isso representa?

NADA

O aumento fica para mais tarde, a tabela é para hoje. Nós aumentamos um índice, é tudo.

O HOMEM

Mas o que você quer que a gente faça com esta tabela?

NADA (*Berrando.*)

Que comam! O seguinte. (*Outro homem se apresenta.*) Ah! Quer abrir um negócio. Boa ideia, palavra de honra. Bem, comece preenchendo este formulário. Meta seus dedos nesta tinta. Aperte-os aqui. Perfeito.

O HOMEM

Onde posso me limpar?

NADA

Onde posso me limpar? (*Ele folheia uma pasta.*) Em nenhum lugar. Não está previsto no regulamento.

O HOMEM

Mas eu não posso ficar assim.

NADA

Por que não? O que tem isso? Você não tem sequer o direito de tocar na sua mulher. E depois, é bom para o seu caso.

O HOMEM

Como assim, bom?

NADA

Sim, isto o humilha, logo é bom. Mas, voltemos ao seu negócio. Prefere se beneficiar do artigo 208 do capítulo 62 da décima sexta circular que consta para o quinto regulamento geral, ou da alínea 27 do artigo 207 da circular 15 do regulamento particular?

UM HOMEM

Mas não conheço nenhum dos dois textos!

NADA

Mas é claro, homem! Claro que não os conhece. Eu também não. Mas como é preciso decidir, você será beneficiado com os dois ao mesmo tempo.

O HOMEM

Não. É muito, Nada. Eu lhe agradeço.

NADA

Não agradeça. Parece que um destes artigos lhe dá o direito de ter a sua loja, mas o outro lhe retira o direito de vender qualquer coisa.

O HOMEM
O que quer dizer isto?

NADA
A ordem!

Chega uma mulher, enlouquecida.

NADA
O que há, mulher?

A MULHER
Requisitaram minha casa.

NADA
Muito bem.

A MULHER
Instalaram lá os serviços administrativos.

NADA
É evidente!

A MULHER
Mas eu estou no olho da rua, e me prometeram um alojamento.

NADA

Viu? A gente pensou em tudo!

A MULHER

Sim, mas eu tenho de fazer um requerimento, que ainda vai seguir seu caminho. Enquanto espero, meus filhos vão ficar na rua.

NADA

Mais um motivo para fazer o requerimento. Preencha este formulário.

MULHER (*Ela pega o formulário.*)
Assim vai andar mais depressa?

NADA

Pode ir depressa, se provar a necessidade de urgência.

MULHER

O que é isso?

NADA

É um documento atestando que é urgente não continuar na rua.

A MULHER

O que há de mais urgente do que dar um teto para os meus filhos?

NADA

Não vamos dar um alojamento só porque seus filhos estão na rua. E sim se você apresentar um atestado. Não é a mesma coisa.

A MULHER

Nunca compreendi este tipo de linguagem. O diabo é que fala assim, e ninguém entende!

NADA

Não é um acaso, mulher. A norma aqui é agir de modo que ninguém se entenda, mesmo falando a mesma língua. E, posso lhe garantir, estamos nos aproximando do instante perfeito, em que todo mundo falará e nunca encontrará eco. E onde quer que duas linguagens se encontrem nesta cidade, elas se destruirão tão completamente que tudo se encaminhará para o último desfecho — o silêncio e a morte.

A MULHER

Ao mesmo tempo { Justiça é meus filhos não passarem fome e não sentirem frio. Justiça é meus filhos viverem. Coloquei-os no mundo numa terra de alegria. Foram batizados pelas águas do mar. Não precisam de outras riquezas. Peço para eles apenas o pão de cada dia e o sono dos justos. Isso não é nada e, no entanto, vocês me negam. E se negam o pão aos desgraçados, não serão luxo, belas palavras e promessas vazias que farão meus filhos perdoá-los.

NADA

Ao mesmo tempo { Melhor escolher viver de joelhos do que morrer de pé. Assim, o universo vai encontrar sua ordem medida pelo esquadro das potências, repartida entre os mortos tranquilos e as formigas, agora muito bem-educadas. Paraíso puritano, sem campos nem pão, onde circulam, com suas asas imensas, anjos policiais, entre os bem-aventurados, fartos de papel e fórmulas nutritivas, e curvados diante do condecorado Deus, destruidor de tudo, que se devota, decididamente, a dissipar os antigos delírios de um mundo delicioso demais.

NADA

Viva nada! Ninguém se entende mais: estamos no instante perfeito!

Luz ao centro. Percebem-se, em recorte, cabanas e arames farpados, mirantes e alguns outros monumentos hostis. Entra Diego, com a máscara, andando como se estivesse acossado. Ele percebe os monumentos, o povo e a Peste.

DIEGO (*Dirigindo-se ao coro.*)

Onde está a Espanha? Onde está Cádiz? Este cenário não é de nenhum país! A gente está em outro mundo, onde o homem já não pode viver. Por que estão mudos?

O CORO

Estamos com medo. Ah, se o vento soprasse...

DIEGO

Também estou com medo. Vamos gritar nosso medo, faz bem! Gritem, o vento vai responder.

O CORO

Éramos um povo, agora somos uma massa! Éramos convidados, hoje convocados! Trocávamos o pão e o leite, e agora nos abastecem! Batemos os pés! *(Eles batem o pé.)* Bate o pé e diz que ninguém pode fazer nada por ninguém, e que é preciso esperar o lugar que nos foi designado na fila! Para que gritar? Nossas mulheres não têm mais o rosto florido que insuflava nosso desejo. A Espanha desapareceu! Vamos bater os pés! Oh, dor! Estamos pisando em nós mesmos! Sufocamos nesta cidade fechada! Ah, se pelo menos o vento soprasse...

A PESTE

Isto é sabedoria. Aproxime-se Diego, agora que compreendeu.

No céu, barulho de radiações.

DIEGO

Somos inocentes!

A Peste gargalha.

DIEGO (*Gritando.*)
A inocência, carrasco, compreende? A inocência.

A PESTE

Inocência? Não conheço!

DIEGO

Então, aproxime-se. O mais forte vai matar o outro.

A PESTE

O mais forte, sou eu... inocente. Olhe.

Faz um sinal aos guardas, que avançam em direção a Diego. Ele foge.

A PESTE

Corram atrás dele! Não o deixem escapar! Aquele que foge nos pertence! Marquem-no.

Os guardas correm atrás de Diego. Perseguição em mímica sobre os praticáveis. Apitos. Sirenes de alarme.

O CORO

O outro corre! Tem medo e confessa. Está fora de si, enlouquecido! Tornamo-nos obedientes. Eles nos administram. Mas, no silêncio dos escritórios, escutamos um longo grito contido, aquele dos corações separados, falando do mar ao sol do meio-dia, do cheiro do canavial à noite, dos braços frescos de nossas mulheres. Nossos rostos estão lacrados, nossos passos contados, nossas horas regulamentadas, mas nosso coração recusa o silêncio. Recusa as listas e as matrículas, os muros intermináveis, as grades nas janelas, as manhãs cercadas de fuzis. Ele recusa como aquele que corre para chegar a uma casa, fugindo desse cenário de sombras e cifras para encontrar um refúgio. Mas o único refúgio é o mar, que estes muros separam. Que o vento sopre e possamos finalmente respirar.

Diego, com efeito, entrou afobado em uma casa. Os guardas param diante da porta e ali se postam de sentinela.

A PESTE (*Urrando.*)
Marquem-no! Marquem a todos! Mesmo que não digam nada, ainda se pode ouvir! Eles não podem protestar, mas seu silêncio range! Esmaguem suas bocas! Amordacem-nos e lhes ensinem as palavras de ordem, até que repitam sempre a mesma coisa para que se tornem os bons cidadãos de que precisamos.

Do urdimento, caem então, vibrando como se tivessem passado por alto-falantes, nuvens de slogans que se amplificam à medida que são repetidos e calam as vozes do coro, até que reine um silêncio total.

A PESTE

Uma única peste, um único povo!
Concentrem, executem, ocupem!
Mais vale uma peste do que duas liberdades!
Deportem, torturem, sempre sobra alguma coisa!

Luz na casa do juiz.

VITÓRIA

Não, pai. Você não vai entregar esta velha criada sob o pretexto de que está contaminada. Já se esqueceu de que ela me criou e que lhe serviu sem nunca reclamar?

O JUIZ

Quem ousaria contestar o que decidi?

VITÓRIA

Você não pode decidir tudo. A dor também tem seus direitos.

O JUIZ

Meu papel é preservar esta casa e impedir que o mal entre. Eu...

Diego entra repentinamente.

O JUIZ

Quem lhe deu permissão para entrar aqui?

DIEGO

Foi o medo que me empurrou para sua casa! Estou fugindo da Peste.

O JUIZ

Não, você não está fugindo dela, você a carrega consigo. (*Ele aponta para a marca que Diego tem na axila. Silêncio. Dois ou três apitos ao longe.*) Saia desta casa.

DIEGO

Não, deixe-me ficar! Se me expulsa, vão me misturar com os outros. Será o amontoado da morte.

O JUIZ

Sirvo à lei, não posso abrigá-lo aqui.

DIEGO

Servia à lei antiga. Você não tem nada a ver com a nova.

O JUIZ

Não sirvo à lei pelo que ela diz, mas porque é a lei.

DIEGO

Mas e se a lei for o crime?

O JUIZ

Se o crime se converte em lei, deixa de ser crime.

DIEGO

Deve-se punir a virtude, então!

O JUIZ

Até a virtude deve ser punida, caso se atreva a discutir a lei.

VITÓRIA

Pai, não é a lei que o move, é o medo.

O JUIZ

Ele também tem medo.

VITÓRIA

Mas ainda não traiu.

O JUIZ

Mas vai trair. Todo mundo trai porque todo mundo tem medo. E todo mundo tem medo porque ninguém é puro.

VITÓRIA

Pai, pertenço a este homem, e você consentiu. E não pode tirar hoje o que me deu ontem.

O JUIZ

Eu não disse "sim" ao seu casamento, mas à sua partida.

VITÓRIA

Eu sabia que você não me amava.

O JUIZ *(Fitando-a.)*

Mulheres, tenho horror a elas. *(Batem brutalmente à porta.)* O que está acontecendo?

UM GUARDA *(De fora.)*

A casa está condenada por ter abrigado um suspeito. Os moradores estão sendo observados.

DIEGO *(Gargalhando.)*

A lei é boa, você bem sabe. Mas é recente e você não a domina totalmente. Juiz, acusados e testemunhas — agora somos todos irmãos.

Entram a mulher do juiz, o filho menor e a filha.

A MULHER

Interditaram a porta.

VITÓRIA

A casa está condenada.

O JUIZ

Por causa dele. Vou denunciá-lo, e eles abrem a casa.

VITÓRIA

Pai, e a honradez?

O JUIZ

A honra é um assunto de homens, e não há mais homens nesta cidade.

Ouvem-se apitos, o barulho de uma corrida que se aproxima. Diego escuta, olha enlouquecido para todos os lados e, repentinamente, apodera-se do menino.

DIEGO

Olhe, homem da lei! Basta um gesto seu e eu esmago a boca de seu filho na marca da peste.

VITÓRIA

Isto é covardia, Diego.

DIEGO

Nada é covardia na cidade dos covardes.

A MULHER (*Correndo para o juiz.*)
Prometa! Prometa a este louco o que ele quiser!

A FILHA DO JUIZ

Não, pai, não faça nada. Isto não tem nada a ver com a gente.

A MULHER

Não a ouça. Você sabe que ela odeia o irmão.

O JUIZ

Ela tem razão, isto não tem nada a ver com a gente.

A MULHER

E você também. Odeia meu filho.

O JUIZ

Isso mesmo, seu filho.

A MULHER

Oh! Você não é homem de ficar remoendo o que já foi perdoado.

O JUIZ

Eu não perdoei. Apenas obedeci à lei que, aos olhos de todos, me fazia pai deste menino.

VITÓRIA

É verdade, mãe?

A MULHER

Você também me despreza.

VITÓRIA

Não. Mas tudo desmorona ao mesmo tempo. A alma balança.

O juiz dá um passo em direção à porta.

DIEGO

A alma balança. Mas a lei nos sustenta, não é, juiz? Todos irmãos! *(Levanta o menino diante dele.)* Você também. Vou dar-lhe o beijo dos irmãos.

A MULHER

Espere, Diego, eu suplico! Não seja como este que endureceu até o coração. Mas ele vai ceder. *(Ela corre para a porta e se põe no caminho do juiz.)* Você vai ceder, não vai?

A FILHA DO JUIZ

E por que ele cederia? E o que lhe importa este bastardo, que é o centro das atenções?

A MULHER

Cale-se. A inveja está lhe roendo a alma, e tudo escurece. *(Ao juiz.)* Mas você, você que está perto da morte, bem sabe que não há nada a se desejar nesta terra a não ser o sono e a paz. E não vai conseguir dormir à noite, no seu leito solitário, se deixar que isso aconteça.

O JUIZ

A lei está do meu lado. Ela me dará repouso.

A MULHER

Cuspo na sua lei. E olhe que tenho o direito a meu favor: o direito dos que se amam e não querem ser separados; o direito dos culpados ao perdão e dos arrependidos a serem honrados! Sim, cuspo na sua lei. Tinha a lei do seu lado quando pediu desculpas covardes àquele capitão que o desafiou para um duelo? Quando trapaceou para escapar do serviço militar? Tinha a lei do seu lado quando convidou para sua cama aquela moça que estava processando o patrão indigno?

O JUIZ

Cale esta boca, mulher.

VITÓRIA

Mãe!

A MULHER

Não, Vitória, eu não me calarei. Calei durante todos esses anos. E o fiz pela minha honra e pelo amor a Deus. Mas a honra não existe mais. E um fio de cabelo deste menino, para mim, é mais precioso que o próprio céu. Não me calarei. E vou falar, ao menos para ele, que nunca teve o direito a seu lado; porque o direito — ouviu bem? — está do lado dos que sofrem, gemem e esperam. Não está, não pode estar, com quem acumula e calcula.

Diego soltou o menino.

A FILHA DO JUIZ

É, são os direitos do adultério.

A MULHER (*Gritando.*)

Não estou negando meu erro, vou gritá-lo para todo mundo ouvir. Mas sei, na minha miséria, que a carne tem lá seus pecados, assim como o coração tem seus crimes. O que se faz no calor da paixão deve ser perdoado.

A FILHA

Perdão para as cadelas!

A MULHER

Sim! Pois elas têm um ventre, podem gozar e gerar!

O JUIZ

Mulher! A sua defesa não está consistente! Vou denunciar este homem que causou todo este transtorno! Faço isto duplamente satisfeito, pois será em nome da lei e do ódio.

VITÓRIA

Maldito seja, disse toda a verdade. Sempre julgou com ódio enfeitado com o nome da lei. Mesmo as melhores leis adquiriram um gosto amargo na sua boca; a boca azeda de quem nunca amou. Ah! O asco me sufoca! Vamos, Diego, abrace-nos, vamos apodrecer juntos. Mas deixe viver este homem da lei para quem a vida é uma punição.

DIEGO

Largue-me. Tenho vergonha de ver até que ponto chegamos.

VITÓRIA

Também tenho vergonha. Vergonha de morrer.

Diego se joga bruscamente pela janela. O juiz corre também. Vitória escapa por uma porta falsa.

A MULHER

Chegou a hora de os tumores rebentarem. Não somos os únicos. Toda a cidade arde com a mesma febre.

O JUIZ

Cadela!

A MULHER

Juiz!

Escuridão. Luz na portaria do cemitério. Nada e o alcaide se preparam para partir.

NADA

A ordem foi dada: todos os comandantes de distrito devem fazer seus administrados votarem a favor do novo governo.

O PRIMEIRO ALCAIDE

É, mas não é fácil. Há o risco de alguns votarem contra.

NADA

Não se você seguir os bons princípios.

O PRIMEIRO ALCAIDE

Bons princípios?

NADA

Os bons princípios dizem que o voto é livre. Isto quer dizer, serão considerados livremente expressos os votos favoráveis ao governo. Quanto aos outros — para que não existam entraves secretos que poderiam afetar a liberdade de escolha —, serão descontados de acordo com o método preferido: alinhando a parte dividida ao cociente dos sufrágios não expressos em relação a um terço dos votos eliminados. Está claro?

O PRIMEIRO ALCAIDE

Claro, senhor... enfim, acho que compreendo.

NADA

Admiro-o, alcaide. Mas, compreendendo ou não, não se esqueça de que o resultado infalível deste método consiste em contar como nulos os votos contra o governo.

O PRIMEIRO ALCAIDE

Mas o senhor não disse que o voto era livre?

NADA

E de fato é. Apenas partimos do princípio de que um voto negativo não é um voto livre. É um voto sentimental, logo, encadeado pelas paixões.

O PRIMEIRO ALCAIDE

Eu nunca tinha pensado assim.

NADA

Porque não tinha uma ideia exata do que é a liberdade.

Luz ao centro. Chegam Diego e Vitória
correndo para o proscênio.

DIEGO

Quero fugir, Vitória. Não sei mais onde está o dever. Não estou entendendo mais nada.

VITÓRIA

Não me abandone. O dever está junto daqueles que a gente ama. Aguente firme.

DIEGO

Mas sou muito orgulhoso para amar você sem me respeitar.

VITÓRIA

O que o impede de se respeitar?

DIEGO

Você, não a vejo enfraquecer.

VITÓRIA

Ah, pelo nosso amor, não fale assim. Ou então vou cair a seus pés e mostrar toda minha covardia. Você não está falando a verdade. Não sou tão forte assim. Enfraqueço, enfraqueço quando penso no tempo em que podia me entregar a você. Onde está o tempo em que a "Água" subia ao meu coração quando pronunciavam seu nome? Onde está o tempo em que eu ouvia uma voz dentro de mim que gritava "Terra" quando você aparecia? Sim, enfraqueço, morro por um covarde pesar. E, se ainda me mantenho de pé, é porque o ímpeto do amor me lança para a frente. Mas, se você desaparecer, minha corrida vai chegar ao fim, e vou me dar por vencida.

DIEGO

Ah, se pelo menos eu pudesse me juntar a você, e com os braços enlaçados mergulhar fundo em um sono sem fim!

VITÓRIA

Eu espero você.

Os dois se aproximam lentamente. Não param de se olhar. E, no momento do encontro, surge entre eles a Secretária.

A SECRETÁRIA

O que estão fazendo?

VITÓRIA (*Gritando.*)

Isto é amor, claro!

Barulho terrível no céu.

A SECRETÁRIA

Shh! Há palavras que não podem ser pronunciadas. Já deveriam saber que estão proibidas. Olhem.

Golpeia Diego pela segunda vez na axila e marca-o pela segunda vez.

A SECRETÁRIA

Era suspeito. Agora está contaminado. (*Ela olha Diego.*) Que pena! Um rapaz tão lindo. (*A Vitória.*) Peço desculpas, mas eu gosto mais dos homens do que das mulheres. Eu os adoro. Boa noite.

Diego olha com horror sua nova marca. Ele lança olhares loucos ao seu redor, e depois se atira na direção de Vitória e a abraça.

DIEGO

Ah! Odeio sua beleza. Ela vai continuar depois de mim! Maldita, será de outros! *(Aperta-a contra si.)* Assim! Não vou ficar sozinho! De que vale seu amor se não apodrecer comigo?

VITÓRIA (*Debatendo-se.*)

Está me machucando! Solte-me!

DIEGO

Ah, está com medo! (*Ri feito um louco. Sacode-a.*) Onde estão os cavalos negros do amor? Apaixonada nos bons momentos, mas quando vem a desgraça, os cavalos desaparecem! Morra comigo, pelo menos!

VITÓRIA

Com você. Nunca contra você! Detesto este rosto de medo e de ódio que o abateu! Largue-me! Me deixe ficar livre para buscar sua antiga ternura. Só assim meu coração vai falar de novo.

DIEGO (*Soltando-a um pouco.*)

Eu não quero morrer sozinho! O que mais amo neste mundo se afasta e não quer me acompanhar!

VITÓRIA (*Jogando-se para ele.*)

Ah, Diego, até no inferno, se for preciso! Sim, agora o encontro novamente... minhas pernas estão tremendo entre as suas... venha, me beije para sufocar este grito; o grito que sobe do fundo do meu corpo, que vai sair, que sai... ah!

Ele a beija com ardor, e depois se desprende
dela, deixando-a tremendo.

DIEGO

Veja! Não, não, você não tem nada! Nenhuma marca! Esta loucura não vai continuar!

VITÓRIA

Volte, é de frio que tremo agora! Há pouco, seu peito queimava minhas mãos, meu sangue corria como uma chama! Agora...

DIEGO

Não! Deixe-me sozinho. Não posso me esquecer desta dor.

VITÓRIA

Volte! A única coisa que peço é me consumir com a mesma febre, sofrer da mesma ferida, em um único grito!

DIEGO

Não! De agora em diante, estou com os outros, com os que estão marcados! Tenho horror ao sofrimento deles, me dá um nojo que até hoje me protegia de tudo. Mas, finalmente, caí na mesma desgraça, e eles estão precisando de mim.

VITÓRIA

Se você morresse, eu invejaria a terra que esposaria o seu corpo!

DIEGO

Você está do outro lado, do lado dos que vivem!

VITÓRIA

Mas posso ficar a seu lado, se me beijar longamente.

DIEGO

Proibiram o amor! Ah, como lamento perdê-la!

VITÓRIA

Não! Não! Eu suplico! Já entendi o que eles querem. Arranjam as coisas para que o amor seja impossível. Mas eu vou ser a mais forte das mulheres.

DIEGO

Eu não sou o mais forte. E não é uma derrota que quero compartilhar com você!

VITÓRIA

Estou inteira! Só vejo o meu amor! Nada mais me aterroriza. E, ainda que o céu desabasse, eu afundaria gritando de felicidade se segurasse sua mão.

Ouvem-se gritos.

DIEGO

Mas outros também estão gritando!

VITÓRIA

Vou ficar surda até a morte!

DIEGO

Olhe!

A carroça passa.

VITÓRIA

Meus olhos não veem mais nada! O amor me ofuscou.

DIEGO

Mas a dor tomou esse céu que pesa sobre nós!

VITÓRIA

Carregar meu amor é muito custoso! Não vou carregar a dor do mundo! Isso é tarefa para os homens. Uma dessas tarefas inúteis, estéreis, intermináveis, que vocês assumem para se livrar da única batalha realmente difícil, da única vitória da qual poderiam se orgulhar.

DIEGO

O que tenho de vencer neste mundo senão a injustiça que fazem conosco?

VITÓRIA

A peste que está em você. O resto vai por si.

DIEGO

Estou só. A desgraça é grande demais para mim.

VITÓRIA

Eu estou com você, com as armas em punho.

DIEGO

Como é linda! E como a amaria, se não sentisse tanto medo!

VITÓRIA

Sentiria menos medo, se quisesse apenas me amar.

DIEGO

Eu a amo. Mas já não sei quem tem razão...

VITÓRIA

Quem não sente medo. E eu não sinto medo no coração. Ele queima com uma única chama, clara e alta, como aqueles fogos com que nossos montanheses se saúdam. Ele também o chama... Olhe, é a festa de São João!

DIEGO

Do lado das valas!

VITÓRIA

Valas ou prados, que importa ao meu amor? Pelo menos, ele não prejudica ninguém, é generoso! Sua loucura, seu devotamento estéril, a quem beneficiam? Não é a mim! Não é a mim! Sou apunhalada a cada palavra sua!

DIEGO

Não chore, minha fera! Que desespero! Por que surgiu este mal? Eu teria bebido suas lágrimas, e com fel na boca por sua amargura, encheria seu rosto de tantos beijos quantas folhas tem a oliveira.

VITÓRIA

Ah! Volto a encontrá-lo! Fala nossa linguagem, que havia esquecido! (*Ela estende as mãos.*) Deixe-me revê-lo...

Diego recua, mostrando suas marcas.
Ela aproxima a mão, hesitante.

DIEGO

Você também sente medo...

Ela coloca as mãos sobre as marcas. Ele recua, transtornado. Ela estende os braços.

VITÓRIA

Venha, depressa! Não sinta mais medo!

Mas os gemidos e as imprecações redobram. Ele olha para todos os lados como um desvairado e foge.

VITÓRIA

Ah! Solidão.

CORO DAS MULHERES

Somos as guardiãs! Esta história ultrapassa nossas forças, e nós queremos que termine. Vamos guardar nosso segredo até o inverno, a hora das liberdades, quando os gritos dos homens se calarem e eles retornarem a nós para reclamar o que não podem dispensar: a lembrança dos mares livres, o céu deserto do verão, o perfume eterno do amor. Aqui estamos, esperando, como folhas mortas nos temporais de setembro. Flutuam um pouco, mas depois, com o peso da água, caem sobre a terra. Agora, nós também estamos sobre a terra. Abaixando a cabeça, esperando que se calem os gritos dos combates, nós escutamos, vindo de dentro, o doce gemido da lenta ressaca dos mares felizes. Quando as amendoeiras nuas se cobrirem das flores da geada, nos levantaremos um pouco, sensíveis ao primeiro vento da esperança, fortalecidas por esta segunda primavera. E aqueles que nos amam caminharão em nossa direção e, à medida que avançarem, vamos ficar como estas barcas pesadas — meladas de sal e água, ricas em perfumes — que a maré levanta aos poucos até que flutuem, enfim, sobre o denso mar. Ah! Que sopre o vento, que sopre o vento...

Escuridão. Luz sobre o cais. Diego entra e chama alguém que ele vê muito ao longe, na direção do mar.
Ao fundo, o coro dos homens.

DIEGO
Olá! Olá!

UMA VOZ
Olá! Olá!

Um barqueiro aparece; apenas sua cabeça ultrapassa o cais.

DIEGO
O que está fazendo?

O BARQUEIRO
Estou abastecendo.

DIEGO

A cidade?

O BARQUEIRO

Não, a cidade está abastecida, a princípio, pela administração. Abasteço-me de pão e leite. Há, em alto-mar, navios ancorados com famílias confinadas para escapar da infecção. Trago suas cartas e levo provisões.

DIEGO

Mas está proibido.

O BARQUEIRO

Está proibido, mas eu não sei ler. E estava no mar quando anunciaram a nova lei.

DIEGO

Leve-me.

O BARQUEIRO

Aonde?

DIEGO

Ao mar. Aos barcos.

O BARQUEIRO

Mas está proibido.

DIEGO

Você não leu nem escutou a lei.

O BARQUEIRO

Ah! Não é proibido pela administração, mas pelas pessoas do barco. E você não está a salvo.

DIEGO

Como assim, não estou a salvo?

O BARQUEIRO

Além disso, você poderia levá-los com você.

DIEGO

Levar o quê?

O BARQUEIRO

Shh! (*Ele olha em torno de si.*) Os germes, é claro! Você poderia levar os germes.

DIEGO

Eu pago o que for preciso.

O BARQUEIRO

Não insista. Olhe que tenho uma falha de caráter...

DIEGO

O dinheiro que quiser.

O BARQUEIRO

Tem consciência do que está fazendo?

DIEGO

Tenho.

O BARQUEIRO

Então, embarque. O mar está calmo.

Diego vai saltar. Mas a secretária aparece atrás dele.

A SECRETÁRIA

Não! Você não vai embarcar.

DIEGO

Como?

A SECRETÁRIA

Não está previsto. Além disso, eu o conheço, você não vai desertar.

DIEGO

Nada vai me impedir de partir.

A SECRETÁRIA

Basta que eu queira. E eu quero porque tenho um assunto pendente com você. Você sabe quem sou!

Ela recua um pouco, atraindo-o para trás. Ele a segue.

DIEGO

Morrer não é o problema. Mas morrer desonrado...

A SECRETÁRIA

Compreendo. Veja você, sou uma simples executante. Mas, ao mesmo tempo, deram-me direitos sobre você. O direito de veto, se preferir.

Ela folheia o caderno.

DIEGO

Os homens de meu sangue pertencem apenas à terra!

A SECRETÁRIA

É o que eu queria dizer. Você me pertence, de certo modo! Apenas de certo modo. Talvez eu preferisse outro... quando o vejo. (*Singela.*) Você sabe que me agrada bastante. Mas cumpro ordens.

Ela brinca com seu caderninho.

DIEGO

Prefiro seu ódio a seu sorriso. Eu a desprezo.

A SECRETÁRIA

Como quiser. Aliás, esta nossa conversa não é lá muito regulamentar. O cansaço me faz sentimental. Com toda esta contabilidade, em noites assim, me deixo levar.

Ela gira o caderninho nos dedos. Diego tenta arrancá-lo de suas mãos.

A SECRETÁRIA

Não, melhor não insistir, meu querido. Aliás, o que queria ver? É um caderno, só isso, um classificador; metade agenda, metade fichário. Com os registros. (*Ela ri.*) É minha agenda, puxa...!

Ela estende uma mão para ele, como para uma carícia. Diego se lança na direção do barqueiro.

DIEGO

Ah! Ele se foi!

A SECRETÁRIA

Bem, é verdade! Mais um que se considera livre, mas está inscrito como todos.

DIEGO

Sua linguagem é dúbia. E o homem não suporta isso, você sabe. Vamos acabar com tudo, você quer?

A SECRETÁRIA

Mas tudo é tão simples... e eu estou apenas dizendo a verdade. Cada cidade tem seu classificador, este é o de Cádiz. Eu asseguro: a organização é muito boa e ninguém foi esquecido.

DIEGO

Ninguém é esquecido, mas todos fogem de você.

A SECRETÁRIA (*Indignada.*)

Não. Vejamos! (*Ela reflete.*) É, há exceções. Às vezes, esquecemos de um. Mas sempre acabam se traindo. E, quando passam dos cem anos, vangloriam-se, os imbecis. Então, os jornais anunciam. Basta esperar. De manhã, ao ler os jornais, anoto seus nomes, os organizo, como nós dizemos. Não falhamos, é claro.

DIEGO

Mas durante cem anos vão renegar vocês, como esta cidade toda renega!

A SECRETÁRIA

Cem anos não são nada! Isto o impressiona porque vê as coisas perto demais. Eu vejo os conjuntos, compreende? Eu lhe pergunto: o que é um homem, num fichário de trezentos e setenta e dois mil nomes? Ainda que seja centenário! Além disso, vamos à forra com os que ainda não passaram dos vinte. Assim, fazemos uma média. A gente risca um pouco mais depressa, é tudo! Assim...

Ela risca em seu caderno. Um grito vindo do mar e o barulho de uma queda na água.

A SECRETÁRIA
Oh! Fiz sem pensar! Olhe, é o barqueiro! Uma fatalidade.

Diego se levanta e a olha com nojo e horror.

DIEGO
Meu estômago está embrulhando, como você me dá nojo!

A SECRETÁRIA
Meu ofício é ingrato, eu sei. É cansativo e, além disso, exige dedicação. No início, eu me atrapalhava um pouco, agora estou mais calejada.

Ela se aproxima de Diego.

DIEGO
Não se aproxime.

A SECRETÁRIA

Logo não haverá mais erros. Um segredo. Uma máquina aperfeiçoada. Você vai ver.

Ela se aproxima dele, frase após frase, até tocá-lo.
Ele a segura pela gola, tremendo de fúria.

DIEGO

Vamos, acabe logo! Acabe com esta comédia suja! O que está esperando? Faça seu trabalho e não se divirta comigo, que sou maior que você. Mate-me, então; é a única maneira, eu juro, de salvar este belo sistema a que nada escapa. Ah! Você só leva em conta os conjuntos! Cem mil homens, assim a coisa fica interessante. É uma estatística, e as estatísticas são mudas! Com elas se traçam curvas e gráficos, hein! Trabalha-se com gerações, fica mais fácil! E o trabalho se desenrola no silêncio e com o cheiro da tinta. Mas eu a previno: um homem sozinho incomoda muito mais — grita sua alegria ou sua agonia. Enquanto viver, eu continuarei a bagunçar sua ordem. Eu rejeito vocês, rejeito-os do fundo da minha alma!

A SECRETÁRIA

Meu querido!

DIEGO

Cale-se. Pertenço a uma raça que honrava tanto a morte como a vida. Mas seus senhores chegaram: viver e morrer são desonras...

A SECRETÁRIA

É verdade...

DIEGO (*Sacudindo-a.*)

É verdade que você mente e que vai mentir, de agora em diante, até o fim dos tempos! Sim! Eu já entendi seu sistema. Vocês lhes deram a dor da fome e das separações para distraí-los da sua revolta. Vocês os exaurem, devoram seu tempo e suas forças para que não tenham nem lazer nem ânimo! Eles se arrastam, fiquem contentes! Estão sozinhos, mesmo sendo uma massa; eu também estou sozinho. Cada um de nós está sozinho graças à covardia dos outros. Mas eu, seviciado como eles, humilhado como eles, digo que vocês não são nada. E este poder que se alastra a perder de vista, até escurecer o céu, é apenas uma sombra lançada sobre a terra; em um segundo, um vento furioso vai dissipá-la. Vocês acreditaram que podiam reduzir tudo a cifras e fórmulas! Mas, na sua bela nomenclatura, esqueceram a rosa selvagem, os sinais no céu, os rostos do verão, a grande voz do mar, o instante do dilaceramento e a cólera dos homens! (*Ela ri.*) Não ria. Não ria, sua imbecil. Vocês estão perdidos, eu afirmo. Enquanto conseguem vitórias aparentes, já estão vencidos, pois há no homem — olhe para mim — uma força que vocês não vão diminuir, uma loucura iluminada, um misto de medo e coragem, ignorante e vitoriosa para todo o sempre. É esta força que vai se erguer, e você vai saber que sua glória não passa de fumaça.

Ela ri.

DIEGO

Não ria! Não ria!

Ela ri. Ele a esbofeteia e, ao mesmo tempo, os homens do coro arrancam suas mordaças e soltam um grande grito de alegria.
Mas, em sua fúria, Diego esmagou sua marca. Ele a leva à mão e a contempla em seguida.

A SECRETÁRIA

Magnífico!

DIEGO

O que foi?

A SECRETÁRIA

Você foi magnífico na sua cólera! Estou gostando mais ainda de você.

DIEGO

O que aconteceu?

A SECRETÁRIA

Você está vendo. A marca desaparece. Continue, você está indo por um bom caminho.

DIEGO

Estou curado?

A SECRETÁRIA

Vou lhe contar um pequeno segredo... o sistema deles é excelente, você tem razão, mas há uma falha na máquina.

DIEGO

Não estou entendendo.

A SECRETÁRIA

Há um defeito, meu querido. Pelo que eu saiba, sempre bastou que um homem vença seu medo e se revolte para que a máquina comece a falhar. Não digo que ela pare, longe disso. Mas, enfim, ela falha e, às vezes, degringola completamente.

Silêncio.

DIEGO

Por que está me dizendo isto?

A SECRETÁRIA

Você sabe, cansa fazer o que eu faço, temos nossas fraquezas. E, depois, você descobriu por conta própria.

DIEGO

Teria sido poupado, se não lhe tivesse dado um tapa?

A SECRETÁRIA

Não. Eu vim para acabar com você, de acordo com o regulamento.

DIEGO

Então, eu sou o mais forte!

A SECRETÁRIA

Ainda está com medo?

DIEGO

Não.

A SECRETÁRIA

Então, não posso fazer nada contra você. Isto também está no regulamento. Mas posso lhe dizer: é a primeira vez que este regulamento tem a minha aprovação.

Ela se retira docemente. Diego tateia o próprio corpo, olha ainda sua mão e vira-se bruscamente na direção dos gemidos. Ele vai, em meio ao silêncio, até um doente amordaçado. Cena muda. Diego avança a mão para a mordaça e a retira. É o pescador. Olham-se em silêncio, e depois:

O PESCADOR

Boa noite, irmão. Há muito tempo que eu não falava.

Diego sorri para ele.

O PESCADOR (*Erguendo os olhos ao céu.*)
O que é isto?

*O céu clareou, de fato. Sopra uma brisa, que sacode uma
das portas, fazendo com que algumas cortinas flutuem.
O povo as cerca agora. Mordaças desatadas,
os olhos levantados para o céu.*

DIEGO

O vento do mar...

PANO

Terceira Parte

Os habitantes de Cádiz se agitam na praça. Postado um pouco acima deles, Diego dirige os trabalhos. Luz brilhante que torna os cenários da Peste menos impressionantes porque já estão mais construídos.

DIEGO

Apaguem as estrelas!

Apagam-se.

DIEGO

Abram as janelas!

As janelas se abrem.

DIEGO

Ar! Ar! Vamos reunir os doentes!

Movimentos.

DIEGO

Não tenham mais medo, esta é a condição. De pé, quem puder! Por que estão recuando? Vamos, levantem a cabeça: está na hora de mostrar nosso orgulho! Joguem fora as mordaças, e gritem comigo que não sentem mais medo. *(Levanta o braço.)* Ó santa revolta, viva negação, honra de um povo: dê a estes amordaçados a força do seu grito.

O CORO

Estamos ouvindo, irmão. Nós, os miseráveis, que vivemos de azeitona e pão; para quem uma mula é uma fortuna: nós que só bebemos vinho duas vezes por ano, quando nascemos e quando casamos, começamos a ter esperança! Mas o antigo temor ainda não abandonou nossos corações. A azeitona e o pão dão gosto à vida! Mesmo tendo tão pouco, temos medo de tudo perder, junto com a vida.

DIEGO

Vocês vão perder até a azeitona e o pão se deixarem tudo como está! Hoje, é preciso vencer o medo, se ainda quiserem, ao menos, conservar o pão. Desperte, Espanha!

O CORO

Somos pobres e ignorantes. Mas nos disseram que a peste segue as mesmas estações do ano. Ela tem sua primavera, em que germina e brota; e seu verão, em que frutifica. Mas virá o inverno e quem sabe ela morra. Mas estamos no inverno, irmão, estamos no inverno? O vento que soprou veio mesmo do mar? A gente sempre pagou tudo com a moeda da miséria. Será mesmo preciso pagar com a moeda do nosso sangue?

CORO DAS MULHERES

De novo, uma tarefa para homens! Estamos aqui para lembrá-los das horas sem nada para fazer, do cravo dos dias, da lã negra das ovelhas, enfim, do perfume da Espanha! Somos fracas, nada podemos contra vocês e seus ossos fortes. Mas, o que quer que façam, não se esqueçam de nossas carnes em flor, nas suas lutas nas sombras!

DIEGO

É a peste que nos descarna, ela separa os amantes e murcha a flor dos dias! É contra ela que precisamos lutar.

O CORO

Será mesmo o inverno? Nas nossas florestas, os carvalhos estão sempre cobertos de frutos, cheios de cera e do seu tronco brotam vespas! Não! Não é ainda o inverno!

DIEGO

Atravessem o inverno da cólera!

O CORO

Mas vamos encontrar a esperança, no final de nossa caminhada? Ou vamos morrer desesperados?

DIEGO

Quem fala em desespero? O desespero é uma mordaça. E o trovão da esperança, o clarão da felicidade dilaceram o silêncio desta cidade sitiada. De pé! Se quiserem ainda conservar o pão e a esperança, destruam os certificados de existência, quebrem os vidros dos escritórios, abandonem as filas do medo e gritem a liberdade pelos quatro cantos do céu!

O CORO

Somos os mais miseráveis! A esperança é nossa única riqueza, como nos privaríamos dela? Irmão, vamos arrancar estas mordaças! *(Grande grito de liberação.)* Ah! Cai a primeira chuva sobre esta terra seca, rachada pelo calor! Vem o outono que tudo verdeja; vem o vento fresco do mar. A esperança nos levanta como uma onda.

Diego sai.
Entra a Peste, no mesmo nível que Diego, mas
do outro lado. A secretária e Nada a seguem.

A SECRETÁRIA

Que história é essa agora? Deram para ficar tagarelando? Reponham suas mordaças!

Alguns, no meio, repõem suas mordaças. Mas outros se unem a Diego. Eles se agitam ordenadamente.

A PESTE

Estão começando a se agitar.

A SECRETÁRIA

Como de costume.

A PESTE

É preciso endurecer as medidas!

A SECRETÁRIA

Vamos endurecer, então!

Ela abre seu caderno e folheia com um pouco de cansaço.

NADA

Que assim seja! Estamos indo por um bom caminho! Ser ou não ser obediente ao regulamento, esta é toda moral e toda filosofia! Mas, na minha opinião, Excelência, a gente não vai muito longe.

A PESTE

Você está falando demais!

NADA

É porque estou entusiasmado. E aprendi muitas coisas com vocês. Eliminar tudo: este é o meu evangelho. Mas, até hoje, não tinha boas razões. Agora, tenho a razão do regulamento!

A PESTE

Mas o regulamento não elimina tudo. Você não está colaborando muito. Melhor ficar atento!

NADA

Não se esqueçam, já havia regulamentos antes de vocês. Mas faltava inventar o regulamento global, o saldo de toda essa conta, a espécie humana posta no índex, a vida inteira controlada por uma tábua de leis, todo o universo disponível, o céu e a terra, enfim, sem valor...

A PESTE

Volte para o seu trabalho, seu bêbado. E você, vamos com isso!

A SECRETÁRIA

Por onde começamos?

A PESTE

Pelo acaso. É mais surpreendente.

A secretária risca dois nomes. Golpes surdos de advertência. Dois homens caem. Refluxo. Os que trabalham param petrificados. Os guardas da Peste correm, recolocam as cruzes nas portas, fecham as janelas, misturam os cadáveres etc.

DIEGO (*Ao fundo, com uma voz tranquila.*)
Viva a morte, ela não nos assusta mais.

Fluxo. Os homens recomeçam o trabalho. Os guardas recuam. Pantomima idêntica, mas ao inverso. O vento sopra quando o povo se aproxima, reflui quando os guardas voltam.

A PESTE

Risque esse daí!

A SECRETÁRIA

Impossível!

A PESTE

Por quê?

A SECRETÁRIA

Ele não tem mais medo!

A PESTE
Ah! E ele sabe disso?

A SECRETÁRIA
Desconfia.

Ela risca. Golpes surdos. Refluxo. A mesma cena.

NADA
Magnífico! Morrem feito moscas! Ah! Se a terra pudesse saltar!

DIEGO (*Com calma.*)
Socorram todos os que estão caindo.

Refluxo. Mesma pantomima ao inverso.

A PESTE
Ele já está indo longe demais!

A SECRETÁRIA
É, longe demais.

A PESTE
Mas por que me diz isto melancolicamente? Você não o informou disso, eu espero.

A SECRETÁRIA

Não. Ele só pode ter descoberto isso sozinho. Em suma, tem o dom!

A PESTE

Ele tem o dom, mas eu tenho os meios. A gente precisa tentar outra coisa. É tarefa sua.

A Peste sai.

O CORO (*Tirando a mordaça.*)

Ah! (*Suspiro de alívio.*) É o primeiro recuo, o garrote está afrouxando, o céu se abre e se areja. Voltaram os murmúrios das fontes, que o sol negro da peste tinha evaporado. O verão se vai. Não mais teremos uvas nas parreiras, nem melões, tampouco legumes e salada crua. Mas a água da esperança amolece o chão duro e nos promete o refúgio do inverno, as castanhas assadas, os primeiros grãos de milho ainda verdes, a noz com gosto de chocolate, o leite à beira do fogo...

AS MULHERES

Somos ignorantes. Mas, mesmo assim, dizemos que não se deve pagar muito caro por estas riquezas. Em qualquer lugar do mundo, e sob qualquer senhor, haverá sempre a fruta fresca ao alcance da mão, o vinho do pobre, o fogo da folha verde. Perto dele, esperamos que tudo passe...

Da casa do juiz sai pela janela a filha do juiz, que corre para se esconder entre as mulheres.

A SECRETÁRIA (*Descendo em direção ao povo.*)

Quem vê assim pensa até que é uma revolução, palavra de honra! Mas não é o caso, vocês sabem. E depois, o povo não é mais dado a fazer revolução, ficou tão fora de moda. As revoluções não precisam mais de revoltosos.* Hoje em dia, a polícia serve para tudo, até para derrubar os governos. Afinal de contas, não é melhor? O povo pode repousar enquanto algumas boas almas pensam por ele e decidem, em seu lugar, o quanto de felicidade lhe caberá.

O PESCADOR

Quando chegar o momento, vou arrancar as tripas desta enguia depravada.

A SECRETÁRIA

Vamos, meus bons amigos, vocês não preferem ficar como estão? Quando uma ordem está estabelecida, custa sempre mais caro mudá-la. Mas, se esta ordem lhes parece insuportável, talvez a gente possa fazer alguns acordos.

UMA MULHER

Que acordos?

---

* Esta frase se aplica às antigas ditaduras do Leste Europeu, como se atesta no capítulo III de *O homem revoltado*. (*N. do editor francês.*)

A SECRETÁRIA

Eu não sei. Mas vocês, mulheres, não ignoram que toda mudança se paga e que, às vezes, mais vale uma boa conciliação do que uma vitória sobre escombros.

As mulheres se aproximam. Alguns homens se separam do grupo de Diego.

DIEGO

Não escutem o que ela diz. Tudo já foi combinado.

A SECRETÁRIA

O que foi combinado? Estou sendo razoável. Eu não sei de mais nada.

UM HOMEM

De que acordo você fala?

A SECRETÁRIA

Nós teríamos de pensar em algo, naturalmente. Mas, por exemplo, poderíamos formar, junto com vocês, um comitê que decidiria, por maioria dos votos, as radiações a serem feitas. Este comitê usaria, plenamente, este caderno, onde se determinam as radiações. Mas vejam bem, só estou dizendo isto a título de exemplo...

Agita o caderno com os braços estendidos.
Um homem o arranca de sua mão.

A SECRETÁRIA (*Com falsa indignação.*)
Vocês querem me devolver este caderno? Vocês sabem que ele é precioso. Basta riscar o nome de um de seus concidadãos, e ele morre na hora.

Homens e mulheres cercam aquele que
possui o caderno. Animação.

— É nosso!
— Não haverá mais mortes!
— Estamos salvos!

Mas a filha do juiz aparece, arranca brutalmente o caderno e esconde-se em um canto. Folheando rapidamente o caderno, risca alguma coisa. Na casa do juiz, um grito e a queda de um corpo. Homens e mulheres correm para a casa do juiz.

UMA VOZ
Maldita! A gente tem mais é que eliminar você!

Uma mão lhe arranca o caderno e, todos folheando, encontram seu nome, e uma mão risca. A filha tomba sem um grito.

NADA (*Berrando.*)

Adiante! Todos unidos para eliminar tudo! O negócio agora não é mais eliminar, agora é se eliminar! Todos juntos, vamos: oprimidos e opressores, de mãos dadas! Vamos, touro! É a limpeza geral!

Vai embora.

UM HOMEM (*Enorme e que segura o caderno.*)

É bem verdade que há algumas limpezas a fazer! É uma chance de murchar alguns filhos da puta que engordavam enquanto a gente morria de fome.

A Peste, que acabou de reaparecer, lança uma gargalhada prodigiosa, enquanto a secretária volta discretamente ao seu lugar, do lado da Peste. Todos imóveis, os olhos elevados, esperam sobre o platô, enquanto os guardas da Peste se espalham por todos os lugares a fim de restabelecer o cenário e os sinais da Peste.

A PESTE (*A Diego.*)

Olhe! Eles mesmos estão fazendo o nosso trabalho! Acha mesmo que merecem sua luta por eles?

Mas Diego e o pescador saltaram sobre o platô, jogando-se sobre o homem do caderno, esbofeteando-o e atirando-o ao chão. Diego pega o caderno e o rasga.

A SECRETÁRIA

É inútil. Tenho uma cópia.

Diego repreende os homens do outro lado.

DIEGO

Vamos à luta! Vocês foram enganados!

A PESTE

O medo que sentem, eles sofrem sozinhos. Mas o ódio é pelos outros.

DIEGO (*Que volta a ficar de frente.*)
Nem medo, nem ódio, esta é a nossa vitória.

*Refluxo progressivo dos guardas diante dos
homens de Diego.*

A PESTE

Silêncio! Sou eu quem azeda o vinho e seca as frutas. Mato a folha da parreira quando vai dar uvas e a deixo verde quando vai alimentar o fogo. Suas alegrias simples me horrorizam; este país, onde se pretende ser livre sem ser rico, me horroriza. Tenho as prisões, os carrascos, a força e o sangue! Esta cidade será arrasada e, sobre seus escombros, a história vai agonizar no silêncio das sociedades perfeitas. Silêncio, ou arrebento com tudo.

Luta em mímica, junto a um barulho impressionante:
ranger do garrote, zunido, golpes de radiações, maré de
slogans. Mas à medida que a luta vai se definindo a favor
dos homens de Diego, o tumulto diminui e o coro,
ainda que indistintamente, sufoca os
barulhos da Peste.

A PESTE (*Com um gesto de raiva.*)
Sobram os reféns!

Faz um sinal. Os guardas da Peste deixam a cena
enquanto os outros se reagrupam.

NADA (*No alto do palácio.*)
Sempre sobra alguma coisa. Tudo continua a não continuar. Meus escritórios também continuam. A cidade desmoronaria, o céu estilhaçaria, os homens desertariam a terra, e os escritórios abririam sempre no mesmo horário. Para administrar o nada! Eu sou a eternidade, e meu paraíso tem arquivos e mata-borrões.

Sai.

O CORO

Estão fugindo. O verão termina com vitória: enfim, o homem triunfa! E a vitória tem o corpo de nossas mulheres sob a chuva do amor. É a carne feliz, brilhante e quente, cacho de setembro onde o zangão se esconde. Sobre a eira do ventre esparramam-se as colheitas da vinha. As uvas colhidas queimam sobre os bicos dos seios bêbados. Ó meu amor, o desejo rebenta como um fruto maduro, e a glória dos corpos, enfim, escorre. Em todos os cantos do céu, mãos misteriosas estendem suas flores e um vinho amarelo emana de fontes inesgotáveis. São as festas da vitória. Vamos buscar nossas mulheres!

Trazem, em silêncio, uma maca onde está estendida Vitória.

DIEGO (*Apressando-se.*)

Oh! Dá vontade de matar ou morrer! (*Aproxima-se do corpo, que parece inanimado.*) Magnífica, vitoriosa, selvagem como o amor; vire seu rosto um pouco para mim! Volte, Vitória! Não se deixe levar para o outro lado do mundo, onde não poderei encontrá-la! Não me abandone, a terra está fria. Meu amor, meu amor! Fique firme, fique firme nesta porção de terra, onde ainda estamos! Não se deixe afundar! Se você morrer, os dias que me restam serão como noite em pleno meio-dia!

O CORO DAS MULHERES

Agora, chegamos à verdade. Até agora, não era sério, mas nesta hora um corpo sofre e se contorce. Tantos gritos — a mais bela das linguagens — de vivas à morte, e logo a própria morte vem rasgar a garganta de quem amamos! Então, o amor retorna, quando já passou seu tempo.

Vitória geme.

DIEGO

Ainda há tempo, ela vai se levantar. Você vai ficar cara a cara comigo novamente; erguida como uma tocha, com as chamas negras do seu cabelo e este rosto iluminado pelo amor. Seu deslumbramento me acompanhava nas noites de combate. Quando a levava comigo, meu coração suportava tudo.

VITÓRIA

Você vai esquecer, Diego, estou certa. Seu coração não vai suportar a ausência. Não suportou a desgraça. Ah! Que tormento insuportável: morrer, sabendo que vai ser esquecida.

Ela se vira.

DIEGO

Não vou esquecer você. Minha memória será maior que minha vida.

O CORO DAS MULHERES

Ó corpo que sofre, antes tão desejável, beleza real, reflexo do dia! O homem grita para o impossível, a mulher sofre tudo o que é possível. Curve-se, Diego! Grite sua dor, acuse-se, é o instante do arrependimento! Desertor! Este corpo era sua pátria, sem ela você não é mais nada! Sua memória não vai compensar nada!

A Peste chegou suavemente perto de Diego.
Apenas o corpo de Vitória os separa.

A PESTE

E então, renunciamos? *(Diego olha o corpo de Vitória com desespero.)* Você não tem mais forças! Seu olhar está perdido. E eu tenho o olhar fixo do poder.

DIEGO *(Após um silêncio.)*

Deixe-a viver e me mate.

A PESTE

O quê?

DIEGO

Proponho uma troca.

A PESTE

Que troca?

DIEGO

Quero morrer no lugar dela.

A PESTE

É uma daquelas ideias que se tem quando se está exausto. Não é nada agradável morrer, e o pior para ela já foi feito. Vamos deixar como está!

DIEGO

É uma daquelas ideias que se tem quando se é o mais forte!

A PESTE

Olhe para mim: eu sou a própria força!

DIEGO

Tire o uniforme.

A PESTE

Você está louco!

DIEGO

Dispa-se! Quando os homens da força tiram o uniforme, não são mais bonitos de se ver!

A PESTE

Talvez. Mas a força deles é ter inventado o uniforme.

DIEGO

A minha é negá-lo. Mantenho minha proposta.

A PESTE

Pense, pelo menos. A vida tem coisas boas.

DIEGO

Minha vida não é nada. O que está em jogo são as razões da minha vida. Eu não sou um cachorro.

A PESTE

E o primeiro cigarro, não é nada? E o cheiro da poeira ao meio-dia nos aterros, as chuvas da noite, a mulher ainda desconhecida, a última taça de vinho, não são nada?

DIEGO

É alguma coisa. Mas ela vai viver melhor que eu!

A PESTE

Não se você desistir de cuidar dos outros.

DIEGO

O caminho que sigo não se pode parar. Mesmo que se deseje. Não o pouparei.

A PESTE (*Mudando de tom.*)

Escute. Se me oferece a sua vida em troca da vida dela, vou ter de aceitar, e esta mulher viverá. Mas faço-lhe outra proposta: dou a vida desta mulher e os deixo fugir juntos, se concordar em deixar a cidade para mim.

DIEGO

Não. Conheço meus poderes.

A PESTE

Neste caso, vou ser franco com você. Preciso ser o senhor da cidade, ou então não serei senhor de nada. Se você me escapa, escapa-me a cidade. É a regra. Uma velha regra, que não sei de onde vem.

DIEGO

Mas eu sei! Vem da profundeza das eras. É maior que você, é maior que a sua força: é a regra da natureza. Nós vencemos.

A PESTE

Ainda não! Tenho este corpo, é minha refém. É minha última carta na manga. Olhe. Se alguma mulher tem o rosto da vida, é esta. Ela merece viver e você quer fazê-la viver. Estou sendo constrangido a entregá-la a você. Mas tanto pode ser contra sua própria vida, quanto contra a liberdade desta cidade. Escolha.

Diego olha Vitória. Ao fundo, murmúrios de vozes amordaçadas. Diego se volta para o coro.

DIEGO

É duro morrer.

A PESTE

É duro.

DIEGO

Mas é duro para todos.

A PESTE

Imbecil! Dez anos do amor desta mulher valem mais que um século de liberdade destes homens.

DIEGO

O amor desta mulher é o meu reino. Posso fazer dele o que quiser. Mas a liberdade destes homens pertence a eles, e eu não posso dispor dela.

A PESTE

Não dá para ser feliz sem fazer mal aos outros. É a justiça desta terra.

DIEGO

Não nasci para aprovar esta justiça.

A PESTE

Quem lhe pediu para aprovar? A ordem do mundo não vai mudar ao sabor das suas vontades! Se você quer mudá-la, pare de sonhar e preste atenção às coisas como elas são.

DIEGO

Não, conheço bem a receita: matar para eliminar o assassinato, violentar para reparar a injustiça. Há séculos que é assim: os senhores da sua raça apodrecem a chaga do mundo, sob o pretexto de curá-la. E continuam se vangloriando de sua receita, pois ninguém riu na cara deles.

A PESTE

Ninguém riu porque eu realizo. Sou eficiente.

DIEGO

Eficiente, é claro! E prático também, como o machado.

A PESTE

Basta olhar os homens. A gente sabe que qualquer justiça é boa demais para eles.

DIEGO

Desde que as portas desta cidade se fecharam, tive todo o tempo para olhá-los.

A PESTE

Ah! Então você já sabe que eles sempre irão deixá-lo sozinho. E o homem sozinho deve morrer.

DIEGO

Não, é mentira! Se eu estivesse só, tudo seria mais fácil. Mas, por bem ou por mal, eles estão comigo.

A PESTE

É um belo rebanho, na verdade, mas cheira mal!

DIEGO

Sei que não são puros. Nem eu. De mais a mais, nasci entre eles. Vivo para minha cidade e para o meu tempo.

A PESTE

O tempo dos escravos!

DIEGO

O tempo dos homens livres!

A PESTE

Você me espanta. Tenho procurado por eles em vão. Onde estão?

DIEGO

Nos seus presídios e nos seus cemitérios. Os escravos estão nos tronos.

A PESTE

Vista seus homens com o traje da minha polícia e verá no que eles se transformam.

DIEGO

É bem verdade que lhes acontece de serem covardes e cruéis. Por isso não têm mais direito que você ao poder. Ninguém tem tanta virtude para merecer o poder absoluto. Mas, também por isso, estes homens têm o direito à compaixão que lhes será negada.

A PESTE

Covardia é viver como eles: pequenos, necessitados, sempre medianos.

DIEGO

É como medianos que estou com eles. E, se não posso ser fiel à pobre verdade que partilho com eles, como poderia ser fiel ao que tenho de superior e mais individual?

A PESTE

A única fidelidade que conheço é o desprezo. *(Mostra o coro abatido no pátio.)* Olhe, vale a pena!

DIEGO

Desprezo apenas os carrascos.* Faça o que fizer, estes homens sempre serão maiores que você. Se chegam a matar, é na loucura do momento. Mas você massacra segundo a lei e a lógica. Não zombe de suas cabeças baixas: há séculos que o cometa do medo

---

* "Detesto apenas os carrascos", escreve Camus no prefácio da edição italiana das *Cartas a um amigo alemão*. (*N. do editor francês.*)

passa sobre eles. Não ria de seu ar atemorizado: há séculos que eles morrem e seu amor é dilacerado. O maior crime deles terá sempre um motivo. Mas não encontro motivo para o crime que, em todos os tempos, cometeram contra eles, e que você arrematou, quando teve a ideia de oficializar na sua ordem imunda. *(A Peste avança contra ele.)* Não vou abaixar meus olhos!

A PESTE

Estou vendo que não vai abaixar! Então, é melhor dizer: você acaba de triunfar na última prova. Se tivesse deixado esta cidade comigo, teria perdido esta mulher e estaria perdido com ela. No entanto, esta cidade tem todas as possibilidades de ser livre. Veja, basta um insano como você... o insano morre, evidentemente. Mas, no fim, mais cedo ou mais tarde, os demais se salvam! *(Sombrio.)* E os demais não merecem ser salvos.

DIEGO

O insano morre...

A PESTE

Ah! Está voltando atrás? Mas não, isto é clássico: o segundo de hesitação! O orgulho será mais forte.

DIEGO

Tinha sede de honra. E será que hoje só vou encontrar a honra entre os mortos?

A PESTE

Eu lhe disse, o orgulho os mata. Mas isso é muito cansativo para o velho homem que estou me tornando. *(Com uma voz dura.)* Prepare-se.

DIEGO

Estou pronto.

A PESTE

Olhe as marcas. Elas doem. *(Diego olha com horror as marcas que estão novamente em seu corpo.)* Isso, sofra um pouco antes de morrer. Isto, pelo menos, está de acordo com a minha regra. Quando o ódio me queima, o sofrimento do outro é um orvalho para mim. Gema um pouco, é bom. E deixe-me vê-lo sofrer antes de abandonar esta cidade. *(Olha a secretária.)* Ei, vamos, você, agora ao trabalho!

A SECRETÁRIA

Sim, se é preciso.

A PESTE

Ah! Está cansada, hein?

> *A secretária faz que sim com a cabeça e, no mesmo instante, muda bruscamente de aparência. É uma velha com a máscara da morte.*

A PESTE

Sempre achei que você não tinha ódio suficiente. Mas o meu ódio precisa de vítimas frescas. Apresse logo isto. E vamos recomeçar em outro lugar.

A SECRETÁRIA

Só o ódio não me basta, é verdade. Odiar não faz parte de minhas funções. Mas é um pouco culpa sua. Sendo obrigada a trabalhar com fichas, a gente se esquece de se apaixonar.

A PESTE

Palavras, palavras. Se você quer alguma coisa que lhe baste... *(Mostra Diego, que cai de joelhos.)* encontre-a na alegria de destruir. Esta é a sua função.

A SECRETÁRIA

Então, vamos destruir. Mas não estou muito à vontade.

A PESTE

Em nome do que você discute minhas ordens?

A SECRETÁRIA

Em nome da memória. Guardo algumas lembranças. Eu era livre antes de você e estava à mercê do acaso. Ninguém me detestava. Eu era a que termina tudo, a que une os amores, a que dá sua forma a todos os destinos. Era a equilibrada. Mas você me colocou a serviço da lógica e do regulamento. Endureci a mão que, às vezes, socorria.

A PESTE

Quem lhe pede socorro hoje?

A SECRETÁRIA

Os que são menores que a desgraça. Quase todos. Com eles, chegava a trabalhar com a aceitação, a meu modo eu existia. Hoje, comcto violência contra eles e todos me renegam até o último suspiro. Talvez seja por isso que eu amava este que você me mandou matar. Ele me escolheu livremente. A seu modo, teve piedade de mim. Amo aquele que me acolhe.

A PESTE

Cuidado! É melhor não me irritar! Não precisamos de piedade.

A SECRETÁRIA

Qucm precisa de piedade senão os que não têm compaixão por ninguém? Quando digo que amo este, estou dizendo que o invejo. Em nós, os conquistadores, o amor tomou uma forma miserável. Sabe disso muito bem e sabe que isso é de se lamentar.

A PESTE

Ordeno que se cale!

A SECRETÁRIA

Você sabe disso e sabe muito bem que, forçados a matar, a gente acaba invejando a inocência daqueles que matamos. Ah! Por um segundo apenas, deixe-me suspender esta lógica interminável e sonhar que estou me apoiando sobre um corpo. Tenho horror às sombras. Sim, invejo todos estes miseráveis, até esta mulher *(Aponta para Vitória.)* que só voltará à vida para gritar como um animal! Ela, pelo menos, vai se apoiar no seu sofrimento.

Diego já está quase caído. A Peste o levanta.

A PESTE

De pé, homem! O fim não pode chegar antes que se faça o que é preciso. Está vendo como ela ficou sentimental agora. Mas não, não tema nada! Ela vai fazer o que for preciso, é a regra e a sua função. A máquina está falhando um pouco, é tudo. Mas, antes que a máquina enguice completamente, fique feliz, imbecil, entrego esta cidade a você! *(Gritos de alegria do coro. A Peste volta-se para ele.)* Sim, estou indo, mas não cantem vitória, estou satisfeita comigo mesma. Aqui, a gente trabalhou bem. Adoro o burburinho em torno do meu nome, e agora já sei que não vão mais me esquecer. Olhem-me! Olhem ainda uma última vez o único poder deste mundo! Reconheçam seu verdadeiro soberano e aprendam o medo. *(A Peste ri.)* Antes, pretendiam temer a Deus e seus acasos. Mas seu Deus era um anarquista: misturava os gêneros. Acreditava que podia ser, ao mesmo tempo, bom e poderoso. Era uma falta de sinceridade e de consequência, é bom dizer. Quanto a mim, escolhi apenas o poder. Escolhi a dominação; e agora vocês já sabem: é coisa mais séria do que o inferno. Há milênios venho transformando em cemitérios suas cidades e seus campos. Meus mortos fecundaram as areias da Líbia e da negra Etiópia. E a terra da Pérsia ainda é fértil graças ao suor dos meus cadáveres. Espalhei por Atenas os fogos da purificação, iluminei suas praias com milhares de piras fúnebres, cobri o mar grego com cinzas humanas até ficar cinzento. Mesmo os deuses, os pobres deuses, enojaram-se até a alma. E quando as catedrais sucederam os templos, meus cavaleiros negros as encheram de corpos que urram. Nos cinco continentes, durante os séculos, matei sem trégua e sem cansaço.

Não é de todo mau, é claro, e havia alguma ideia. Mas não toda a ideia... Um morto, se quer minha opinião, é bom, mas não dá rendimento. Em suma, um escravo não vale nada. O ideal é obter uma maioria de escravos com a ajuda de uma minoria de mortos bem escolhidos. Hoje, a técnica está aperfeiçoada. Por isso, após matar ou humilhar todos os homens que foi preciso, vamos colocar povos inteiros de joelhos. Nenhuma beleza, nenhuma grandeza resistirá a nós. Triunfaremos completamente.

A SECRETÁRIA

Triunfaremos completamente. Menos sobre o orgulho.

A PESTE

Quem sabe o orgulho não se cansa... O homem é mais inteligente do que se pensa. *(Ao longe, tumulto e trombetas.)* Escute! É a minha oportunidade que está voltando. Lá estão seus antigos senhores, a quem vocês encontrarão cegos às feridas dos demais, bêbados de imobilidade e esquecimento. E eu os forçarei a ver a imbecilidade triunfar sem luta. A crueldade é revoltante, mas a estupidez desencoraja. Glória aos estúpidos, pois eles preparam o meu caminho! Eles fazem minha força e minha esperança! Virá o dia, talvez, em que todo sacrifício lhes parecerá em vão, e o grito interminável das suas revoltas sujas vai afinal se calar. Neste dia, reinarei verdadeiramente no silêncio definitivo da servidão. *(Ri.)* É uma questão de obstinação, não é? Mas fiquem tranquilos, tenho a fronte baixa dos obstinados.

Caminha para o fundo.

A SECRETÁRIA

Sou mais velha do que você e sei que o seu amor é também obstinado.

A PESTE

Amor? O que é isso?

A Peste sai.

A SECRETÁRIA

Levante-se, mulher! Estou cansada. Vamos acabar logo com isso.

Vitória se levanta. Mas Diego cai ao mesmo tempo. A secretária recua um pouco na sombra. Vitória corre para Diego.

VITÓRIA

Ah! Diego, o que você fez da nossa felicidade?

DIEGO

Adeus, Vitória. Estou contente.

VITÓRIA

Não diga isso, meu amor. É uma palavra de homem, uma horrível palavra de homem. *(Chora.)* Ninguém tem o direito de ficar contente em morrer.

DIEGO

Estou contente, Vitória. Fiz o que devia.

VITÓRIA

Não. Você tinha de me escolher contra o próprio céu. Tinha de preferir a mim em vez de à terra inteira.

DIEGO

Estou em dia com a morte. Ela é minha força. Mas ela é uma força que devora tudo, a felicidade não cabe nela.

VITÓRIA

E o que me importava sua força? Era um homem quem eu amava.

DIEGO

Este combate endureceu meu coração. Não sou mais um homem, e é justo que eu morra.

VITÓRIA (*Lançando-se sobre ele.*)

Então, leve-me com você!

DIEGO

Não, este mundo precisa de você. Ele precisa de nossas mulheres para aprender a viver. Nós, homens, fomos capazes apenas de morrer.

VITÓRIA

Ah! É muito fácil, não é? Amar em silêncio e sofrer tudo o que tinha para sofrer! Eu preferia o seu medo!

DIEGO (*Ele olha Vitória.*)

Eu a amei com toda a minha alma.

VITÓRIA (*Gritando.*)

Não foi o bastante! Oh, não! Ainda não foi o bastante! O que eu faria com a sua alma apenas!

A secretária aproxima sua mão de Diego. A mímica da agonia começa. As mulheres correm afobadas para Vitória e a cercam.

AS MULHERES

Maldição sobre ele! Maldição sobre todos aqueles que desertam de nossos corpos! E miséria para nós: as desertadas, as que levam, ao longo dos anos, este mundo que o orgulho deles pretende transformar. Ah! Já que tudo não pode ser salvo, vamos aprender, ao menos, a preservar a casa do amor! Que venha a peste, que venha a guerra e todas as portas fechadas; com vocês ao nosso lado, a gente vai se defender até o fim. Então, no lugar desta morte solitária, povoada de ideias, alimentada de palavras, vocês conhecerão a morte conjunta — vocês e nós confundidos no terrível abraço do amor! Mas os homens preferem a ideia. Fogem da mãe, desprendem-se da amante, e correm para a aventura, feridos sem chagas, mortos sem punhais, caçadores de sombras, cantores solitários, clamando, sob um céu mudo, uma impossível reunião, e caminham, de solidão em solidão, para o isolamento final — a morte em pleno deserto!

Diego morre.
As mulheres se lamentam enquanto o vento
sopra um pouco mais forte.

A SECRETÁRIA

Não chorem, mulheres. A terra é doce para aqueles que amaram muito.

Ela sai.
Vitória e as mulheres saem pelo lado, levando Diego.
Mas os ruídos do fundo se definiram.
Uma nova música estala e ouve-se Nada
aos berros sobre a edificação.

NADA

Aqui estão! Os antigos chegam: os de antes, os de sempre, os petrificados, os tranquilos, os confortáveis, os estagnados, os bem-polidos. Enfim, a tradição: assentada, próspera, recém-barbeada. O alívio é geral, e será possível começar de novo. Do zero, é óbvio. Aqui, os pequenos alfaiates do nada — vocês terão trajes sob medida. Mas não se animem, o seu método é o melhor. No lugar de tapar as bocas dos que gritam sua desgraça, eles tapam os próprios ouvidos. Nós estávamos mudos, agora vamos ficar surdos. *(Fanfarra.)* Atenção, os que escrevem a história estão voltando. Vão cuidar dos heróis. Vão deixá-los frescos embaixo da laje. Não se queixem: em cima da laje, a sociedade é realmente muito misturada. *(Ao fundo, cerimônias oficiais em mímica.)* Olhem, o que vocês acham que eles já estão fazendo: condecoram-se. Os festins do ódio estão sempre abertos, a terra, esgotada, cobre-se da madeira morta das potências; o sangue daqueles que vocês chamam justos ainda ilumina os muros do mundo. E o que eles fazem? Condecoram-se! Alegrem-se, vocês vão ter seus discursos premiados. Mas, antes que o palco chegue, quero resumir o meu. Aquele que eu amava, contra a sua vontade, morreu aviltado. *(O pescador corre afobado para Nada. Os guardas o detêm.)* Veja, pescador, os governos passam, e a polícia fica. Há, então, uma justiça.

O CORO

Não, não há justiça, mas limites. E aqueles que pretendem não regulamentar nada, como aqueles que queriam regulamentar tudo, ultrapassam igualmente os limites. Abram as portas, que o vento e o sal venham limpar esta cidade.

*Pelas portas, que se abrem, o vento sopra
cada vez mais forte.*

NADA

Há uma justiça, a que se fez contra o meu nojo. Sim, vocês vão começar de novo. Mas isso não é mais assunto meu. Não contem comigo para brindar o perfeito culpado, não tenho a virtude da melancolia. Ó velho mundo, é preciso partir, seus carrascos estão cansados, seu ódio ficou frio demais. Sei muitas coisas, mesmo o desprezo teve o seu tempo. Adeus, boa gente, vocês vão aprender isto um dia: não se pode viver bem sabendo que o homem não é nada, e que a face de Deus é horrível.

*No vento que sopra tempestuosamente, Nada corre
contra o paredão e atira-se no mar.
O pescador corre atrás dele.*

O PESCADOR

Ele caiu! As ondas enfurecidas o arrastam e o afogam em suas cristas. Esta boca mentirosa se enche de sal e vai, enfim, se calar. Olha, o mar furioso tem a cor das anêmonas. Ele nos vinga. Sua cólera é a nossa cólera. Proclama a reunião de todos os homens do mar, a reunião dos solitários. Ó vaga, ó mar, pátria dos rebelados: aqui está o seu povo que nunca vai ceder. A onda profunda, alimentada pela violência das águas, arrastará suas cidades destruídas.

PANO

Dossiê

Cronologia
1913-1960

1913	7 de novembro: nascimento de Albert Camus em Mondovi, na Argélia (a 13 quilômetros de Bône, atualmente Annaba). É filho de Lucien Camus, modesto administrador de uma vinícola, e de Catherine Sintes, de origem espanhola.
1914	2 de agosto: início da Primeira Guerra. Lucien Camus é morto na frente de batalha (sua memória será evocada por Camus em sua última obra esboçada, *O primeiro homem*, Gallimard, 1994). Sua viúva muda para Argel, no bairro popular de Belcourt (onde habitará Meursault, o herói de *O estrangeiro*). Com dois filhos (Albert e seu irmão mais velho), leva uma existência quase miserável.
1923	Albert Camus entra, como aluno bolsista, para o Liceu Bugeaud (atualmente Liceu Abd-el-Kader), em Argel.
1929	Primeira leitura de Gide (*Os frutos da terra*).
1930	Primeiros ataques da tuberculose.
1932	Entra na classe de preparação para a escola normal su-

perior no Liceu Bugeaud. Jean Grenier é seu professor de filosofia. Ele se tornará seu amigo e Camus lhe dedicará especialmente *O avesso e o direito* e *O homem revoltado*.

1933   Milita em um movimento antifascista.

1934   Casa-se com Simone Hié, de quem se divorciará dois anos mais tarde.

1935   Adere, durante um período muito breve, ao Partido Comunista. Começa a escrever *O avesso e o direito* após algumas narrativas curtas, segue cursos de filosofia na faculdade de letras de Argel e faz trabalhos avulsos.

1936   Obtém o diploma de estudos superiores (equivalente ao mestrado) em filosofia (tema: "Metafísica cristã e neoplatonismo"). Em junho, faz uma viagem à Europa central, principalmente à Tchecoslováquia. Esta viagem, que terminou junto com seu casamento, inspirará em parte *O mal-entendido*. Em 17 de julho começa a guerra espanhola. Com alguns amigos, Camus funda o Teatro do Trabalho, logo rebatizado Teatro da Equipe (*O mal-entendido* será dedicado a seus "amigos do Teatro da Equipe"). Escreve (em colaboração) *Révolte dans les Asturies*, cuja representação será proibida.

1937   Jornalista em *Alger Républicain*, periódico de esquerda dirigido por Pascal Pia, a quem Camus dedicará *O mito de Sísifo*. Ocupa-se principalmente dos grandes processos políticos que se desenrolam na Argélia. Seu estado de saúde o proíbe de se apresentar na agregação filosófica. Publica *O avesso e o direito* e inicia um romance, *A morte feliz*, que permanecerá inacabado (publicação póstuma, Gallimard, 1971). No teatro, monta, entre outras peças, *A volta do filho pródigo*, de Gide.

1938	Começa a escrever *Calígula*, imagina um ensaio sobre o absurdo e faz notas que lhe servirão para a composição de *O estrangeiro*.
1939	Publicação de *Noces*. Inquérito em Cabília. 3 de setembro: início da Segunda Guerra Mundial. A tentativa de Camus de se alistar é adiada por motivos de saúde.
1940	Casa-se com Francine Faure, natural de Oran. *Alger Républicain* não estava sendo mais editado. Camus deixa a Argélia para a metrópole e trabalha em *Paris-Soir*. Em maio, enquanto a Alemanha invade a França, ele termina *O estrangeiro*. No outono, redige a primeira parte de *O mito de Sísifo* e se hospeda por três meses em Lyon.
1941	De volta a Oran, termina *O mito de Sísifo* e inicia *A peste*.
1942	Vítima, na primavera, de um novo ataque de hemoptise, passa o verão repousando em Chambon-sur-Lignon (Alto Loire), e depois em Panelier, perto de Chambon. Continua a composição de *O mal-entendido*. *O estrangeiro* e *O mito de Sísifo* são publicados, respectivamente, em julho e novembro.
1943	O exílio na região de Saint-Etienne continua. Termina a primeira redação de *O mal-entendido*. Torna-se leitor da editora Gallimard. Em Paris, mora no apartamento de André Gide. Milita no *Combat*.
1944	Encontro com Jean-Paul Sartre e segunda *Carta a um amigo alemão*. Em maio, publicação, em um único volume, de *O mal-entendido* e *Calígula*. 24 de junho de 1944: representação de *O mal-entendido* no Théâtre des Mathurins. Em 25 de agosto, Paris é libertada. Camus passa a dirigir, com Pascal Pia, o *Combat*, que a partir de então circula livremente.

1945	Depois da trégua (8 de maio), Camus parte para a Argélia para investigar os graves tumultos que eclodiram em Setif. 5 de setembro: nascimento dos gêmeos Jean e Catherine Camus. *Calígula* é representada em 26 de setembro no Théâtre Hébertot, com Gérard Philipe no papel principal.
1946	Viagem aos Estados Unidos e termina *A peste*, depois abandona a direção de *Combat*.
1947	Em junho, *A peste* é publicada e logo alcança enorme sucesso.
1947-1948	Reside em Lourmarin (Vaucluse).
1948	Viagem à Argélia que lhe inspirará, em parte, *L'Été*. Em 27 de outubro, representação de *Estado de sítio*, que experimenta um grande fracasso.
1949	Viagem à América do Sul. Sua saúde se deteriora. 15 de dezembro: criação de *Justes*, com Serge Reggiani e Maria Casares.
1950	Publicação de *Actuelles I*.
1951	Outubro: publicação de *O homem revoltado*, em que ele trabalhava desde 1943.
1952	Viagem à Argélia, principalmente a Tipasa. Em agosto, a ruptura com Sartre é consumada. Inicia os contos que figurarão em *O exílio e o reino*. Adapta *Os possessos*, de Dostoievski.
1953	Toma partido a favor dos amotinados que se levantaram em Berlim Oriental contra o regime comunista. Publicação de *Actuelles II*.
1954	Publicação de *O verão*. 1º de novembro: início da guerra argelina.

1955	Adaptação de *Un cas intéressant*, de Dino Buzzati. Viagem à Grécia. Conferência em Atenas sobre o futuro da tragédia. A partir de junho, começa a colaborar em *L'Express*.
1956	Na Argélia, faz um apelo para uma trégua civil, mal recebido pelos franceses argelinos. Em fevereiro, para de colaborar em *L'Express*. Maio: publicação de *A queda*. Setembro: Representação e sucesso de *Réquiem para uma freira*, uma adaptação de William Faulkner.
1957	Março: publicação de *O exílio e o reino*. No festival de Angers é muito bem reapresentada *Calígula*. 17 de outubro, Camus recebe o prêmio Nobel de literatura.
1958	*Discurso da Suécia*. Reedição de *O avesso e o direito* (com um novo prefácio) e de *O mal-entendido* com *Calígula* (novas versões). Publicação de *Actuelles III*. Seu estado de saúde se deteriora novamente.
1959	Janeiro: representação de *Os possessos*. Novembro: Redação, em Lourmarin, onde ele comprara uma casa um ano antes, da primeira parte de *O primeiro homem*, romance autobiográfico que deixará inacabado.
1960	4 de janeiro: Camus morre em um acidente de automóvel, próximo a Montereau, em Seine-et-Marne. É enterrado em Lourmarin.

Estado de sítio em cena

Em seu *Camus, homme de théâtre*, Ilona Coombs dá uma boa noção do que foi a primeira encenação de *Estado de sítio*,* em 27 de outubro de 1948, pela Companhia Madeleine Renaud — Jean-Louis Barrault, no Théâtre Marigny. A direção teatral foi de Jean-Louis Barrault, os cenários e figurinos de Balthus e a música incidental de Arthur Honegger.

"Para sustentar o prestigiado elenco de *Estado de sítio*, todo o restante daquela que foi certamente a peça mais visual de Camus era igualmente conceituado. Os cenários e figurinos de Balthus

---

* O elenco completo dos personagens da peça foi o seguinte: A Peste (Pierre Bertin), A Secretária (Madeleine Renaud), Nada (Pierre Brasseur), Vitória (Maria Casarès), O Juiz (Albert Medina), A mulher do Juiz (Marie-Hélène Darté), Diego (Jean-Louis Barrault), O Governador (Charles Mahieu), O Alcaide (Régis Outin), As Mulheres da cidade (Éléonore Hirt, Simone Valère, Ginette Desailly, Christiane Clouzet, Janine Wansar), Os Homens da cidade (Jean Desailly, Jacques Berthier, Beauchamp, Gabriel Cattand, Jean-Pierre Granval, Bernard Dhéran, Jean Juillard), Os Guardas (Roland Malcome, William Sabatier, Pierre Sonnier, Jacques Galland), O Coveiro (Marcel Marceau). Para se ter uma visão dos cenários, pode-se remeter a Morvan Lebesque, *Camus par lui même*, Le Seuil, 1963, em *Album Camus* da Pléiade, Gallimard, 1982 (organizado por Roger Grenier) e, sobretudo, ao número da revista *Avant-Scène* em homenagem a Camus, "*Revolte dans les Asturies*", "*L'État de Siège*" *et richesses théâtrales d'Albert Camus*, n°s 413-414, 1-15 de novembro de 1968.

criavam, sobretudo no primeiro ato, uma atmosfera de apocalipse. Altas muralhas dentadas se recortavam em sombras chinesas sob um céu que, alternadamente, se coloria e descoloria durante a passagem do cometa. A partitura de Honegger criava uma atmosfera de suspense, pois a peça se abria com um tema musical que lembrava uma sirene de alerta. A música de cena se construía, aliás, à medida que a ação se desenrolava, com o badalar do sino dos mortos, o zunido das preces do povo, os golpes surdos das execuções, o estalo surdo das portas da cidade que se fechavam uma a uma. (...) A ação se passa em Cádiz em uma época indeterminada, fora do tempo, por assim dizer, ainda que a encenação e a vida da cidade tenham qualquer coisa de medieval; assim como o cenário, pois ele consiste em vários espaços de representação ou 'mansões'* que um feixe de luz destacará de acordo com as necessidades da ação. Assim, o espaço de representação está em todas as partes e em parte alguma. A mesma universalidade é caracterizada pelo modo como os atores representam o povo, tal como nos é apresentado no início: pescadores, mendigos, comediantes, astrólogo e posteriormente, o juiz, namorados, governador e alcaides, é de fato todo o povo de Cádiz que está em questão" (pp. 98–99).

A melhor crítica das primeiras representações da peça é sem dúvida a de Mme. Dussane em *Le Mercure de France*, de 1º de janeiro de 1949, onde se lê notadamente:

---

* No teatro medieval, mansões são pequenas estruturas erguidas dentro das catedrais e que serviam para indicar os locais da ação do drama litúrgico. Este arranjo cênico deu origem ao conceito de cena simultânea que caracterizou a cena religiosa medieval. (*N. do A.*)

"Os meios pelos quais Barrault começa a nos transmitir o texto de Camus o destruíram na transposição, porque lhe eram antagônicos em sua essência.

"Barrault, como se sabe, é entusiasta de certo estilo de mímica ao mesmo tempo rigorosa e abstrata. Ele obriga, de bom grado, seus atores a desenhar hieróglifos vivos, esquematizando os sentimentos de suas personagens. Ele tende a representar, através dos corpos, os signos, e então suas pantomimas mais originais ganham algo da inumana beleza matemática.

"Da mesma maneira, a técnica especial do coro falado obriga cada ator a recitar a parte da frase que lhe cabe com entonações não-espontâneas e no diapasão de uma palavra coletiva. Aqui, ainda, mudam-se os meios humanos para uma espécie de imitação do mecânico ou do abstrato. Não se pode obter tudo isso senão por longa disciplina de um grupo, um exercício contínuo muito peculiar em que o ator se imola, não ao autor, mas a este superator que é o encenador. Isto lembra mais o quadro de empregados de um Pritaneu do que o carro de Téspis.

"Revanche da vida que ri dos sistemas: todos este jovens atores, que interpretam os cidadãos, vítimas da praga corrente, tombam, erguem-se e soltam gritos com medida, retidão e violência; mas eles estão tão ocupados com sua ginástica, que seu olhar se esvazia de toda expressão. Então, eles perdem, pouco a pouco, a densidade humana. Criticou-se a frieza do texto de Camus, sua extensão, sua retórica. Talvez nada disso seja infundado. Mas o texto de Camus grita sua revolta do indivíduo contra a tirania administrativa, a subversão triunfal do amor, todas as aspirações imagináveis para a liberdade, ainda que anárquica...

"E eis que todo esse poema da indisciplina foi encenado segundo uma estética de caráter militar! Não nos surpreendamos que esteja dissolvido ali: o que sobrou dos furores de Orestes, harmonizados para os dragões do Rei? Vamos esperar a hora de ler o texto — eu ia ler (ai de mim!) o libreto — da peça. Vamos esperar, sobretudo, o próximo livro, em que Camus será apenas, e, completamente, ele mesmo. Vamos esperar igualmente o próximo espetáculo, em que Barrault se submeterá ao respeito de uma obra e se renovará..."

Antes desta, várias críticas arrasadoras se propalaram; Camus frequentemente fará alusão a elas. Não é tanto o gênio de Camus ou de Barrault que está em questão, mas o resultado de sua colaboração, e se fosse necessário designar um "culpado" (o que evidentemente repugnava Camus), a crítica pendia mais para o lado do encenador que do autor. No *Franc-tireur* (29 de outubro de 1948), Guy Verdot, comparando *Estado de sítio* a *Noites de cólera,* de Armand Salacrou, todavia concluía: "*Estado de sítio* nos faz pensar. *As noites de cólera* fazem vibrar. Salacrou é um homem de teatro, Camus permanece um filósofo que escreve para o teatro." No *Combat* do mesmo dia, Jacques Lemarchand, enquanto sublinhava que Camus e Barrault não falavam a mesma língua, mostrava-se sensível à mensagem da peça: "A peste está entre nós, ela espera, um pouco ao acaso, os habitantes de nossa cidade. Existe apenas uma defesa contra ela: a coragem; e o amor, quando ele existe, dá coragem à coragem". Há, dizia ele, "em *Estado de sítio* todos os elementos necessários a essas *Bodas de Fígaro* que nossa época espera. As fórmulas dramáticas, aquelas que queremos escutar, estão lá. Estão constantemente embutidas no soar das sirenes, nos suaves sons de Martenot, no bater de pés da multidão subjugada, nas belas mudanças de iluminação, que distraem a atenção, dispersam-na — mas por quê?" Neste mesmo 29 de outubro, no *Le Figaro*, Jean-Jacques Gautier confessava que "as passagens poéticas, as quadras de uma bela língua" o haviam deixado estranhamente indiferente, mas cumprimentava os intérpretes da peça, em primeiro lugar Madeleine Renaud (a Secretária) e Pierre Renaud (Nada). No *Le Figaro Littéraire* de 30 de outubro, Thierry Maulnier acha que "nunca o estilo de Camus foi mais coeso, mais duro, mais arrebatador no lirismo", mas ele julga como "uma espécie de diversão oratória" o chamado final do autor à "grande pátria dos revoltosos".

Alguns não se permitem matizar. Elsa Triolet, que teve, como Aragon, relações complicadas com Camus durante a guerra, simplifica as coisas em seu artigo nas *Lettres Françaises* (4 de novembro de 1948): "As primeiras verdades que ele expressou em *Estado de sítio*, ou mesmo aquelas sobre a muralha administrativa, a burocracia, por exemplo, foram muito bem mostradas por Courteline, e sem propalar o patético..." Menos venenoso, mas nem um pouco menos severo, Roger Vailland escreve alguns dias depois em *Action* (16 de novembro de 1948): "O público burguês, que frequenta o Théâtre Marigny, parece muito despreparado para o espetáculo oferecido por Albert Camus e Jean-Louis Barrault. Não é uma tragédia, nem um drama, nem uma comédia, nem um balé e um pouco de tudo isso. Imagine uma sequência de esquetes sobre os grandes temas da liberdade, do amor e da morte ligados entre si por uma intriga frouxa: uma epidemia de peste em uma Cádiz de sonho. Imagine, ainda hoje, uma ópera reinventada sobre a greve dos mineiros. Que cenário, que balé trágico, que textos a fazer sobre o tema C.R.S.: S.S.!" Mas talvez Pierre Quemeneur tenha formulado, em *La Scène*, o julgamento mais duro sobre Camus: "A causa do desastre me parece inerente ao próprio gênio do autor. (E estou pensando mais em Camus do que em Barrault.) Não acredito que Camus tenha o dom de demiurgo. Ele me parece marcado por uma estranha impotência para criar personagens."

Camus não conseguiu deixar de pensar que, se a peça fora mal recebida, é porque era perturbadora no plano ideológico. No prefácio à edição americana de seu teatro (1958), ele declara: "É interessante notar que esta peça sobre a liberdade é igualmente mal recebida tanto pelas ditaduras de direita quanto pelas de esquerda. Representada sem interrupção, há anos, na Alemanha, não foi representada nem na Espanha nem atrás da cortina de ferro. Haveria ainda muito a dizer sobre as intenções dissimuladas ou explícitas desta peça. Mas quero apenas esclarecer o julgamento dos meus leitores, não induzi-lo."[1] Neste mesmo ano, em entrevista no *Paris-Théâtre*, ele confidencia que gostaria de ver *Estado de sítio* ao ar livre e acrescenta que a peça "poderia ser modificada em vários pontos".[2] No entanto, ele não fez em *Estado de sítio* as constantes revisões que *Calígula* recebeu, nem os retoques realizados em *O mal-entendido* para uma adaptação televisiva; não houve a menor possibilidade, é verdade, de lhe pedirem o mesmo para

---

1. *Théâtre, récits, nouvelles*, Pléiade, pp. 1732-1733. Uma nota da edição (1962) indica que a peça foi representada na Iugoslávia e na Polônia.
2. Ibid. p. 1717.

Estado de sítio. No máximo, ele escreve em seus *Diários* em 1953: "acrescentar a *Estado de sítio*: Ministério do suicídio. 'Impossível este ano. Os efetivos estão completos. Preencha uma ficha para o ano seguinte,'"[3] sinal de que ele pensa sempre em sua peça, mas não para modificar sua concepção cênica.

Estado de sítio foi, de acordo com o desejo de Camus, representada ao ar livre em agosto de 1959 por um grupo de jovens.[4] O sucesso na Alemanha começou com uma representação feita em Munique em 20 de junho de 1950, e continuou, particularmente em Nuremberg, em setembro de 1959.

Após a morte de Camus, é ainda na Alemanha (Ocidental, é claro) que *Estado de sítio* continua a ter a melhor acolhida: Osnabrück, em outubro de 1962, Hamburgo, em 1969. Uma ópera inspirada na peça *O sítio*, do iugoslavo Milko Kelemen, foi criada na Ópera do Estado de Hamburgo. Na França, é preciso ressaltar, sobretudo, a representação da peça no festival de Châlon-sur-Saône, em julho de 1964, com a trupe do teatro de Bourgogne (direção de Roland Monod, figurinos de Claude Engelbach, música de André Chamoux, cenografia de Bernard Guillaumot).[5] *Le Progrès*, edição de Châlon (16 de julho de 1964), notava que *Estado de sítio* havia sido encenada "à maneira um pouco tumultuosa das moralidades medievais" e revelava, entre os personagens, silhuetas familiares, "desde aquelas dos policiais vestidos com capacete e munidos de placas como os soldados do campo até aquela do ditador, vestido

---

3. *Carnets III*, p. 79.
4. Segundo Ilona Coombs, *Camus, homme de théâtre*, p. 109.
5. O texto havia sido, com o consentimento da sra. Camus, modificado, "aliviado das repetições cansativas e das espanholadas" (*Le Progrès de Lyon*, 20 de outubro de 1964).

com uma túnica esverdeada de suboficial que imaginamos com olho atrapalhado por uma mecha rebelde e o lábio com aquele bigodinho característico — é, com efeito, para além do tempo e do espaço, a condição humana que está no centro do debate". A crítica do mesmo em *La Tribune de Genève,* de 22 de agosto de 1964, lembrava que Jules Romains "já havia refeito a tábua da lei no teatro; era preciso então buscar o 'unanimismo', de que *Cromedeyre le Vieil* foi um dos raros frutos". Pode-se igualmente ressaltar três representações realizadas no estágio internacional da U.F.O.L.E.A de Bressieux, dias 29, 30 e 31 de julho de 1966, e uma criação na Cidadela de Villefranche (Alpes Marítimos) em 24 de agosto de 1967, a imprensa local relatando a "enorme maquinaria" montada para o acontecimento.

Estado de sítio diante da crítica

Ainda que Gabriel Marcel tenha manifestado suas reflexões após uma representação da peça,[1] elas vêm de um pensador e de um cidadão, não de um especialista em teatro. Jean Grenier, antigo professor de filosofia e amigo de Camus, não assistiu às representações. Estava em missão no Cairo, e Camus lhe enviou o volume que foi posto à venda nos primeiros dias de 1949. Seus comentários, que aparecem em uma carta enviada a Camus em 19 de fevereiro de 1949, são muito mais elogiosos que aqueles recebidos por *Calígula*, mas um pouco menos entusiasmados que por *O mal-entendido*:

"Eu lhe agradeço por *Estado de sítio* — tudo o que você disse ali encontra em mim, penso eu, uma ressonância muito grande. Não tento explicar por que a peça não obteve sucesso. Ela é escrita em uma linguagem muito ampla, em um estilo muito direto; e a emoção deve ser comunicada tanto ao espectador quanto ao ator. Talvez estejamos um pouco fora de rumo pelo *cruzamento* dos

---
1. Cf. *Por que a Espanha?* (resposta de Albert Camus a Gabriel Marcel), nesta edição.

símbolos da praga: epidemia, burocracia, colaboração — fazendo esta leitura, isto parece natural.

"Agrada-me muito que você estabeleça o contraste entre a grandeza e a "medianidade", fazendo a segunda aparecer dependente da primeira. Você soube de modo admirável fazer as duas vozes falarem.

"A cena do juiz com a mulher na segunda parte é muito tocante. Os diálogos de amor são belos, talvez com um tom acima dos outros, e com outro registro."[2]

As raras representações de *Estado de sítio*, na França especialmente, fizeram com que muitos críticos continuassem a falar mais do texto da peça do que de suas possibilidades cênicas. Morvan Lebesque provavelmente assistiu ao espetáculo no Théâtre Marigny, mas é significativo que pareça esquecer sua entoação no livro *Camus par lui même* (1963), assim como no notável estudo *La passion pour la scène* (1964), por acreditar que uma representação ao ar livre dê veracidade à peça (inversamente, ele lastima que a "conspiração silenciosa" de *Calígula* tenha sido mandada pelos ares no festival de Angers). A seus olhos, no conjunto da obra teatral de Camus, *Estado de sítio* "revela sua ambição mais alta. Apolo, Dioniso... Como o jovem Camus, devorador da mensagem de Nietzsche, não se sentiria convocado a lhe dar corpo? A terra onde ele nasceu, o século em que ele vive lhe aparecem eminentemente trágicos. Esta terra é quase a Grécia: mar, sol, rigor dos contornos, lucidez, mas também a

---

2. *Correspondance Albert Camus-Jean Grenier* (1932-1960), p. 153; cf. posteriormente a bibliografia.

ambiguidade da luz que 'por força de uma densidade coagula o universo e suas formas em um ofuscamento obscuro'. Nosso século se encontra em tal redemoinho que faria empalidecer os séculos das guerras mecânicas: os Ésquilos e os Sófocles destes anos 50 não têm como novos temas o stalinismo e a ameaça atômica? Não se trata de nada menos que salvar o homem de suas próprias tentações: a opressão, o suicídio. Como? Por uma grande lição, mas não-partidária, logo não-didática: uma obra que se recusará, ao mesmo tempo, à psicologia e ao comentário brechtiano: 'Se tudo for miséria, não há tragédia. Se tudo for razão, também não. A tragédia nasce da sombra e da luz e por sua oposição'". A ambição de Camus, no entanto, é recompensada com um fracasso. Morvan Lebesque analisa os motivos: nem cristão, nem marxista, Camus não podia encontrar em uma sala a participação comum a que aspirava; sobretudo, ele passa o sentimento de que, por não haver dito tudo em *A peste*, ele completa sua mensagem com *Estado de sítio*. Esta última hipótese dá razão ao grave veredicto: "Apesar do lirismo de que está impregnado (o grito final do povo: 'Ao mar! Ao mar!'), *Estado de sítio* não afasta totalmente esta tese."

Em um capítulo de sua obra *Les Envers d'un échec*, intitulado *L'État de siège ou échec d'une dialectique de la morale*, Raymond Gay-Crosier destaca, dentre as causas do insucesso da peça, a aplicação com a qual Camus segue, sobretudo na primeira parte, o gênero dos autos sacramentais espanhóis, o caráter abstrato do personagem da Peste, a quem é difícil pesar as responsabilidades, mas, sobretudo, a contradição do desatamento trágico e das intenções aparentes da peça com as ideias diretivas do autor.

Raymond Gay-Crosier julga, com efeito, forçado o devotamento de Diego, que sacrifica, em favor do dever, riquezas terrestres, a que os outros heróis de Camus não têm o costume de renunciar. Mas faremos mal se acompanharmos Raymond Gay-Crosier quando, comparando Diego com o dr. Rieux, ele nota que o herói de *A peste* se sacrifica sem perder a vida e que sua escolha de cuidar dos concidadãos em vez de reencontrar sua mulher é completamente ditada pelas circunstâncias. Esta interpretação da atitude de Rieux subestima a grandeza do personagem, e Raymond Gay-Crosier esquece, além disso, a virtude de "espelho de concentração", que satisfazia toda peça digna deste nome. "Agrada a Diego desempenhar o papel de mártir", escreve. Admitamos apenas que seu comportamento é, no sentido pleno do termo, mais *teatral* que o de Rieux. Recorrer ao restante da obra de Camus pode esclarecer as ideias diretivas de Camus, mas talvez Raymond Gay-Crosier abuse demais deste expediente para confundir a peça: cada obra não pode ser julgada senão em função de sua coerência interna. Se este critério for retirado, parece-nos (como afirmamos no prefácio) que a coerência de *Estado de sítio* fica mal assegurada pelo símbolo da Peste, que torna ambíguo o *sentido* da revolta de Diego, mas não anula o caráter emocionante do personagem. Achamos, da mesma forma, que Raymond Gay-Crosier é severo quando escreve que, em torno de Diego e de Vitória, "todos os outros personagens se movem como marionetes": a figura de Nada, ao menos, torna excessiva esta simplificação.

Em seu *Camus, homme de théâtre*, Ilona Coombs, com excelentes fórmulas, particularmente inspiradas em *Albert Camus* de

Germaine Brée (Nova York, Columbia University Press, 1964), resume assim o interesse da peça: "O que faz a grandeza do teatro de Camus é que, dentre os dramaturgos contemporâneos, com a exceção de Claudel, somente ele se esforçou para inventar novos mitos que pudessem refletir imensos atritos do mundo moderno. Além disso, neste teatro, que aspira a ser universal como o teatro antigo, se representará o que se pode chamar de uma 'paixão', à medida que, a uma ordem imperfeita, sucederá uma desordem destruidora que, após o sacrifício de um bode expiatório, será substituída por uma renovação de uma ordem libertadora transcendente (p. 99)." De resto, Ilona Coombs resume as análises conhecidas do fracasso da peça, particularmente os compromissos que Camus e Barrault firmaram, cada um esforçando-se em ir na direção do outro e tentando ser bem-sucedido diminuindo o próprio gênio.

Retornando, por seu lado, às dificuldades da parceria Camus--Barrault, Edward Freeman (*The Theatre of Albert Camus*) insiste mais do que convém, no nosso entendimento, na influência das ideias de Antonin Artaud na concepção da peça. Mas ele sublinha, com razão, o desvio do símbolo do flagelo na peça e em *A peste*. No romance, os empestados eram vítimas, em suma, de uma manifestação muito abstrata do Absurdo, ao passo que no teatro elas sofrem sevícias de origem humana.

Sobretudo, é a partir do personagem de Diego que Fernande Bartfeld (*L'Effet tragique. Essai sur le tragique dans l'oeuvre de Camus*) analisa o fracasso da peça. Na ausência de um "pano de fundo metafísico" em seu itinerário, o espectador não pode discernir a dimensão trágica do herói e tem a sensação de que ele luta contra "puras entidades". "Nestas condições, não causa espanto que a extraordinária utilização dos efeitos cênicos, realizada em *Estado de sítio*, tenha causado a impressão de uma enorme máquina que não funciona para nada". Entrevê-se como a análise de Fernande Bartfeld pode se orientar para uma comparação de Diego com os personagens de Kafka. Em suma, o herói do *Castelo* também luta contra entidades, mas estas reenviam a uma fatalidade mais obscura que oferece muito pouca iniciativa à coragem. Não é certo que a fé no homem de Camus possa conviver com seu sentido do trágico.

Talvez seja preciso, para apreciar a grandeza de *Estado de sítio*, não considerar a peça prioritariamente a partir de seu herói. É o que leva a supor as defesas mais calorosas que a peça inspirou. Em *L'État de siège ou le rêve de la ville au théâtre*, comunicação feita no Colóquio de Amiens (1988), coletada em *Albert Camus et le théâtre* já citado em nosso prefácio, Michel Autrand traça algumas etapas desse sonho na história do teatro. Ele está presente na tragédia grega e no mistério medieval, antes de desaparecer no século XVI e no romantismo. Naturalismo e simbolismo possibilitam sua ressurreição e *La Ville*, de Paul Claudel, oferece o seu desabrochar. Michel Autrand analisa, em *Estado de sítio*, as manifestações desse movimento incessante que cansou os espectadores. Não foi apenas o movimento dos indivíduos e do povo: foi principalmente a interferência do vento, que faz parte do conjunto do universo natural. "A essa liberação do movimento, responde uma notável liberação do som", realizado seguramente graças à música de Arthur Honegger, mas também prevista pelas indicações cênicas do próprio Camus. A linguagem dos personagens é unida aos efeitos sonoros e deve ser compreendida a partir deles: ela contribui, com efeito, para ocultar sua individualidade em prol da coletividade, o que dá sentido à peça.

Documentos

Por que a Espanha?
(Resposta de Albert Camus a Gabriel Marcel)

Em sua crítica à primeira encenação de Estado de sítio *publicada em* Les Nouvelles Littéraires *de 4 de novembro de 1948, há um trecho em que Gabriel Marcel escreve o seguinte:*

"*Não acho corajoso, nem honesto, ter situado a ação na Espanha, em Cádiz, em vez de algum porto da Dalmácia ou da Albânia, por exemplo, ou em alguma cidade ao pé dos Cárpatos.*

"*Não posso deixar de pensar que este fato não deve ser imputado ao sr. Camus, cuja coragem é evidente. Toda pessoa imparcial e bem informada se convencerá disso: há muito tempo que não é, de forma alguma, da Península Ibérica que chegam as novidades capazes de desesperar os que se preocupam com a dignidade e a liberdade humanas; parece que se procurou um derivativo destinado a apaziguar a ira daqueles a quem, em 1948 — eu disse em 1948 —, a obra, quer queira quer não, é principalmente dirigida.*"

Aos argumentos de ordem essencialmente política dados por Camus na sua resposta, seria fácil acrescentar que ele não parou de manifestar seu interesse pela Espanha apenas por causa das origens da mãe.[1] *Sua primeira peça (escrita em colaboração) era intitulada* Révolte dans les Asturies. *São sabidos também que laços o unem a Maria Casarès, espanhola refugiada na França no fim da guerra civil a quem ele vai confiar o papel de Martha em* O mal-entendido *e o de Vitória em* Estado de sítio. *(Será possível escutar neste nome, Vitória, uma reprodução de "Vitolina", sobrenome dado a Maria durante a guerra quando ela trabalhava em um hospital?)*

A resposta de Camus, publicada no Combat *em dezembro de 1948, foi reproduzida em* Actuelles I *(Gallimard, 1950), e depois na edição dos* Essais *de Camus (Pléiade, Gallimard, 1965, pp. 391-396).*

Vou responder a apenas duas passagens do artigo que você dedicou a *Estado de sítio* em *Les Nouvelles Littéraires*. Mas não quero responder de forma alguma às críticas que você, ou qualquer um, possa ter feito a esta peça como obra teatral. Quando nos permitimos apresentar um espetáculo ou publicar um livro, estamos expostos às críticas e aceitamos a censura dos contemporâneos. Seja o que for que tenhamos a dizer, é melhor calar.

---

1. 1Cf., por exemplo, sobre este assunto, Jacqueline Lévi-Valensi, "Réalité et symbole de l'Espagne de Camus", em *Albert Camus 1: Autor de "L'Étranger"*, textos reunidos por Brian T. Fitch "Revue des Lettres Modernes", nº 170-174, Minard, 1968. Pode-se ler também "Ce que je dois à l'Espagne", comunicação proferida por Camus em 22 de janeiro 1958, reproduzida em março de 1958 em *Preuves*, e depois em *Essais*, Pléiade, pp. 1905-1908.

Entretanto, você ultrapassou seus privilégios de crítico ao se surpreender que uma peça sobre a tirania totalitária fosse situada na Espanha, ao passo que, no seu entender, ela deveria se passar em algum país do Leste. E você me devolve definitivamente a palavra, ao descrever falta de coragem e honestidade. É bem verdade que, para você, é muito cômodo pensar que eu não fui o responsável por esta escolha (traduzamos: foi o maligno Barrault, já coberto de crimes). Infelizmente, o fato de a peça se passar na Espanha foi escolha minha. E eu decidi sozinho, após uma reflexão, que ela se passasse lá. Devo, então, tomar para mim suas acusações de oportunismo e desonestidade. Nessas condições, você não se surpreenderá que eu me sinta forçado a responder-lhe.

É provável, aliás, que eu não me defendesse contra estas acusações (diante de quem é preciso se justificar hoje em dia?) se você não houvesse tocado em um assunto tão grave quanto o da Espanha. Não preciso dizer que não pretendi agradar ninguém ao escrever *Estado de sítio*. Quis atacar frontalmente um tipo de sociedade política que se organizou, ou se organiza, à direita ou à esquerda, de modo totalitário. Nenhum espectador de boa-fé pode duvidar que esta peça toma o partido do indivíduo, da natureza humana naquilo que ela possui de mais nobre, do amor terrestre, enfim, contra as abstrações e os terrores do Estado totalitário, seja russo, alemão ou espanhol. Graves doutores refletem, todos os dias, sobre a decadência de nossa sociedade, procurando suas razões profundas. Estas razões existem, sem dúvida. Mas, para as pessoas mais simples, o mal da época se define por seus efeitos e não por suas causas. Ele se chama Estado, policial ou burocrático. Sua proliferação em todos os países, sob os mais diversos pretextos ideológicos, como a insultante segurança que lhes dão os meios mecânicos e psicológicos da repressão, cria um perigo mortal para o que há de melhor em cada um de nós. Deste ponto de vista, a sociedade política contemporânea, seja qual for seu conteúdo, é desprezível. Eu não disse nada além, por causa disso *Estado de sítio* é um ato de ruptura que não pretende poupar ninguém.

Feito esse esclarecimento, por que a Espanha? Para lhe dizer a verdade, eu, no seu lugar, ficaria um pouco envergonhado de fazer esta pergunta. Por que Guernica, Gabriel Marcel? Por que este acontecimento no qual, pela primeira vez, diante de um mundo ainda adormecido em seu conforto e na sua miséria moral, Hitler, Mussolini e Franco demonstraram às crianças o que era a técnica totalitária? Sim, e por que este acontecimento também nos tocava? Porque, pela primeira vez, os homens da minha idade encontravam o triunfo da injustiça na história. O sangue do inocente corria, então, no meio de um grande falatório parisiense, que ainda continua. Por que a Espanha? Porque nós não lavaremos as mãos com aquele sangue. Quaisquer que sejam as razões de um anticomunismo — e eu conheço boas razões —, não é aceitável que nos entreguemos até esquecer esta injustiça que se perpetua com a cumplicidade de nossos governantes. Eu disse o mais alto que pude o que pensava sobre os campos de concentração da Rússia. Mas não é isto que vai me fazer esquecer Dachau, Buchenwald e a agonia sem nome de milhões de homens, nem a terrível repressão que dizimou a República espanhola. Sim, apesar da comiseração de nossos grandes políticos, é preciso denunciar tudo isto. E eu não desculparei esta peste hedionda no Oeste da Europa apenas porque ela também devasta o Leste, em extensões maiores. Você escreve que, para quem é bem informado, não é da Espanha que chegam as novidades capazes de desesperar quem possui o gosto pela dignidade humana. Você está mal informado, Gabriel Marcel. Ainda hoje, cinco oponentes políticos foram condenados à morte. Mas você mesmo preparou o caminho da sua má informação, cultivando o esquecimento. Você se esqueceu de que as primeiras armas da guerra totalitária foram manchadas com o sangue espanhol. Você se esqueceu de que, em 1936, um general rebelde conduziu, em nome de Cristo, uma tropa de mouros para lançá-los contra o governo legal da República espanhola, fazendo triunfar uma causa injusta após inexplicáveis massacres e começando, desde então, uma repressão atroz, que durou dez anos e ainda não terminou. Sim, de fato, por que a Espanha? Porque, como muitos outros, você perdeu a memória.

E também porque não estou orgulhoso com meu país por causa de um pequeno número de franceses. Que eu saiba, a França nunca cedeu oponentes soviéticos ao governo russo. Isto acontecerá sem dúvida, nossas elites estão prontas para tudo. Mas pela Espanha, ao contrário, nós fizemos muitas coisas. Em virtude da desonrante cláusula do armistício, entregamos a Franco, sob a ordem de Hitler, republicanos espanhóis e, dentre eles, o grande Luis Companys. E Companys foi fuzilado, no meio deste terrível tráfico. Foi em Vichy, é claro, não foi culpa nossa. Nós tínhamos colocado, ainda em 1938, o poeta

Antonio Machado em um campo de concentração, de onde ele só saiu para morrer. Mas neste dia, quando o Estado francês era o recrutador dos escritórios totalitários, quem levantou a voz? Ninguém. Sem dúvida, Gabriel Marcel, aqueles que poderiam protestar achavam, como você, que tudo isto era um pouco do que eles mais detestavam no sistema russo. Então, acaba ficando um fuzilado a mais, um a menos! Mas o rosto de um fuzilado é uma ferida desagradável e a gangrena aparece, até tomá-lo por inteiro.

Onde estão os assassinos de Companys? Em Moscou ou no nosso país? É preciso responder: em nosso país. É preciso dizer que nós fuzilamos Companys, que nós somos responsáveis pelo ato que foi praticado. É preciso declarar que nós estamos humilhados por causa disto e que a única forma de reparação é manter a lembrança de uma Espanha livre, e que nós traímos, como pudemos, no nosso lugar e da nossa maneira, ainda que fossem pequenos. É verdade que não foi uma potência que traiu: a Alemanha e a Itália fuzilavam os espanhóis de frente. Mas isto não pode ser um consolo, e a Espanha livre continua, com seu silêncio, a nos pedir reparação. Fiz o que pude, de minha frágil parte, e é o que escandaliza você. Se eu tivesse sido mais talentoso, a reparação seria maior, é tudo que posso dizer. Não se compactuaria com a covardia e com a patifaria. Mas não vou falar mais sobre este assunto e calarei meus sentimentos em consideração a você. Quando muito, eu ainda poderia lhe dizer que nenhum homem sensível deveria ficar surpreso por ter de escolher falar ao povo sobre a natureza humana e o orgulho e opô-lo à vergonha e às sombras da ditadura; eu escolhi o povo espanhol. Eu não podia, contudo, escolher o público internacional do *Reader's Digest* ou os leitores do *Samedi-Soir* e do *France-Dimanche*.

Mas você está, sem dúvida, ansioso que eu explique, para concluir, o papel que concedi à Igreja. Sobre este ponto, serei breve. Você acha que este papel é odioso, embora no meu romance não fosse. Mas eu devia, em meu romance, fazer justiça aos meus amigos cristãos que conheci sob a ocupação, em um justo combate. Na minha peça, ao contrário, eu precisava dizer qual foi o papel da Igreja espanhola. E se eu a apresento odiosa, é porque, aos olhos do mundo, o papel da Igreja foi odioso. Por mais dura que esta verdade seja para você, você se consolaria pensando que a cena que o incomoda dura apenas um minuto, ao passo que aquela que ainda ofende a consciência europeia já se estende há anos. E a Igreja inteira teria sido inserida neste escândalo inacreditável dos bispos espanhóis abençoando os fuzis de execução caso dois grandes cristãos, dos quais um, Bernanos, hoje morto, e o outro, José Bergamin, exilado de seu país, não tivessem levantado a voz desde os primeiros dias. Bernanos não teria escrito o que você escreveu sobre este assunto. Ele sabia que a frase que conclui minha cena: "Cristãos da Espanha, vocês estão abandonados", não insulta sua crença. Ele sabia que a dizer uma outra coisa, ou silenciar, eu preferi insultar a verdade.

Se eu tivesse de reescrever *Estado de sítio*, eu ainda a situaria na Espanha, esta é a conclusão. E através da Espanha, amanhã, como hoje, ficaria claro para todo mundo que a condenação feita visa a todas as sociedades totalitárias. Mas pelo menos não foi feita ao preço de uma cumplicidade vergonhosa. É desta maneira, e nunca de outra, que podemos reservar o direito de protestar contra o terror. Eis por que não posso compartilhar sua opinião quando você diz que estamos absolutamente de acordo quanto à ordem política. Pois você aceita silenciar sobre um terror para melhor combater o outro. Nós não queremos silenciar sobre nada. É a nossa sociedade política inteira que nos faz levantar o coração. E só haverá saúde quando todos aqueles que ainda valem alguma coisa a repudiarem totalmente para procurar, ainda que em contradições insolúveis, o caminho da renovação. Por isso é preciso lutar; sabendo que a tirania totalitária não se edifica sobre as virtudes dos totalitários, mas sobre as falhas dos liberais. A palavra de Talleyrand é desprezível, uma falta não é pior que um crime. Mas a falta acaba justificando o crime e fornecendo seu álibi. Ela desespera as vítimas, e é assim que ela é culpada. É justamente isto que eu não posso perdoar à sociedade política contemporânea: que seja uma máquina para desesperar os homens.

Você acha, sem dúvida, que é muita paixão para pouco pretexto. Então, deixe-me falar uma vez em meu nome. O mundo em que vivo me repugna, mas sinto-me solidário aos homens que sofrem dentro dele. Há ambições que não são as minhas, e eu não ficaria à vontade se tivesse de trilhar meu caminho apoiando-me em pobres privilégios que se reservam aos privilegiados deste mundo. Mas me parece que os escritores deveriam ter outra ambição: denunciar e gritar, sempre que possível, na medida do nosso talento, por aqueles que estão subjugados como nós. Foi a nossa ambição que você questionou no seu artigo, e eu não vou parar de rebatê-lo, enquanto me pareça que a morte de um homem não o indigne senão na medida em que este homem compartilhe suas ideias.

Testemunho de Jean-Louis Barrault

Jean-Louis Barrault conta aqui a história de sua colaboraçao com Camus para a composição e a encenação de Estado de sítio, *e analisa as razões do seu fracasso. A amizade dos dois, no entanto, não foi afetada: em 1956, Camus foi chamado por Barrault para uma adaptação do* Castelo, *de Kafka, e, três meses antes de sua morte eles tiveram conversas tendo em vista uma série de representações de* Les Possédés.[1] *Nenhum dos dois projetos foi concluído.*

Este texto foi extraído de J.-L. Barrault, Nouvelles réflexions sur le théâtre, *prefácio de Armand Salacrou, "Bibliothèque d'esthétique", Flammarion, 1959 (pp. 33–34). A obra foi colocada à venda em dezembro de 1959, menos de um mês antes da morte de Camus.*

Dentre as peças que nós montamos, guardo certa predileção, sem amargor, sem teimosia e nem provocação, por dois fiascos: *Estado de sítio*, de Camus, e *Lázaro*, de André Obey.

---

1. Cf. Camus, *Carnets, III*, Gallimard, 1989, pp. 251 e 257.

Ocorre-me frequentemente comparar o trabalho de encenação com a delicada preparação de uma maionese. Com efeito, uma encenação "pega" como a maionese "pega". Durante seis ou oito semanas, mexe-se e remexe-se a peça em todos os sentidos, ela fica espumante, e de repente se percebe no garfo que a matéria ficou firme: a peça ganha corpo, a maionese "pega". Mas pode também ocorrer que, se o tempo estiver ruim, se o óleo for derramado muito rapidamente, nada "pegue". Da mesma maneira no teatro: alguns imponderáveis impedem às vezes que a maionese "pegue". Entretanto, os ovos, o óleo e a vontade eram bons! "A peça não pegou", digamos. É o mesmo termo.

Foi o que nos aconteceu, com Camus, em *Estado de sítio*. No entanto, eu continuo pensando que *Estado de sítio* encerra um dos melhores assuntos abordáveis, e que havia na peça momentos excepcionais. *Estado de sítio* é meu primeiro desgosto no teatro. Eu esperava muito desta arejada colaboração com Camus. Admiro o homem e entendo-me bem com ele. Nossas relações me entusiasmavam e, como acredito que o homem de teatro só terá valor se tiver *autores*, eu desejava, do fundo do meu coração, que Camus se tornasse *nosso autor*. Parecia-me que poderia haver uma cooperação comparável àquela de Jouvet e Giraudoux. *Estado de sítio* era apenas o início de toda uma obra: a de Camus se ajustava a nós. Em poucas palavras, eu criei, na minha pequena cabeça, as maiores esperanças na bicicleta de dois assentos Camus-Barrault, "dois bons ciclistas ardentes e trabalhadores"... Na noite da "última apresentação da peça", as "pessoas de Paris" mal conseguiam disfarçar sua alegria com a ideia de que havíamos fracassado; padeci de uma dor física da qual tenho ainda a cicatriz.

Era, para a abertura da nossa terceira temporada, nosso primeiro fracasso e, de todos os fracassos imagináveis, exatamente aquele que eu desejaria ao máximo evitar.

Eu sabia que Camus, com sua sensibilidade, o receberia corajosamente, mas não se sentiria menos atingido. Comecei a temer que nós o perderíamos. Uma das minhas esperanças mais caras estava correndo o risco de se desperdiçar.

Qual foi o erro que cometemos? Pois certamente cometemos algum. Talvez seja este.

Para mim, a Peste era *salvadora* pela acumulação das forças negras desenvolvidas até o paroxismo: concepção iniciadora, mágica, inspirada por Artaud. Isto deveria dar à peça um lirismo esquiliano.

Para Camus, a Peste ou o ditador era o Mal, o mal social acarretado apenas pelo medo que, uma vez suprimido, o faria fugir. O estilo pendia mais para o moderno, mas podia também se tornar aristofanesco.

O ponto em comum entre as nossas duas sensações era a supressão do medo para além do maior desespero.

Por mais que se acredite na vida, temos medo; uma vez que absorvamos plenamente a ideia da morte, o medo desaparece e revivemos, mas livremente.

E houve um respeito mútuo. Eu desejei, em certo momento, ir a fundo no estilo de Aristófanes; Camus quis conservar certo mistério trágico.

E eu acredito que as pessoas sinceras não distinguiram muito bem se nossa Peste era a salvadora do mal maior, ou o mal do qual ela precisava se salvar.

A peça conheceu, no entanto, noites fantásticas. As poucas pessoas que vinham adoravam o espetáculo. E, se a crítica não deu suas pancadas logo de saída, foi porque o gênero da peça poderia também ter sido um sucesso.

Eu sei que, mais tarde, ela foi muito apreciada no exterior. E recebo frequentemente jovens de todos os países que vêm me falar disto.

Nós gostaríamos de ter mantido a peça em cartaz mais tempo, mas "economicamente" isto nos faria naufragar. O comandante da tripulação, que sou eu, responsável por aproximadamente cem pessoas, tinha de calar em mim o que havia de afetuoso em *Estado de sítio*. Eu não tenho mais nada a fazer senão engolir meu desgosto e desejar que Camus nos trouxesse, *apesar de tudo*, suas próximas obras.

Bibliografia

Edições de *Estado de sítio*

Albert Camus, *L'État de siège*, Spectacle en trois parties, Gallimard, 1948 (1º depósito legal: janeiro 1949).

Albert Camus, *Théâtre, récits, nouvelles,* prefácio de Jean Grenier, estabelecimento de texto e notas de Roger Quilliot, "Bibliothèque de la Pléiade", Gallimard, 1962.*

Outros textos de Camus

Carnets, I: mai 1935–février 1942, Gallimard, 1962.

Carnets, II: janvier 1942–mars 1951, Gallimard, 1964.

Carnets, III: mars 1951–décembre 1959, Gallimard, 1989.

Correspondance Albert Camus-Jean Grenier (1932–1960), Gallimard, 1981.

---

* A ausência de um manuscrito ou de uma cópia datilografada da peça não permitiu que R. Quilliot oferecesse variações em sua edição.

Albert Camus, *Essais*, introdução de Roger Quilliot, fixação de texto e notas de Roger Quilliot e Louis Faucon, "Bibliothèque de la Pléiade", Gallimard, 1965.

Testemunhos, ensaios e artigos

Albert Camus. Le théâtre, estudos reunidos por Raymond Gay-Crossier, sob a direção de Brian T. Fitch, "La Revue des Lettres modernes", nº 7 da série *Albert Camus*, 1975.

Albert Camus et le Théâtre, textos reunidos por Jacqueline Lévi-Valensi (atas do colóquio acontecido em Amiens de 31 de maio a 2 de junho de 1988), IMEC Éditions, 1992.

ALTER André, "De *Caligula* aux *Justes*, de l'absurde à la justice", *Revue d'Histoire du théâtre*, 4, 1960 (partes referentes a *L'État de siège* em Jacqueline Lévi-Valensi, *Les Critiques de notre temps et Camus*).

AUTRAND Michel, "*L'État de siège* ou le rêve de la Ville au théâtre", em *Albert Camus et le théâtre*, op. cit.

BARRAULT Jean-Louis, *Nouvelles réflexions sur le théâtre*, prefácio de Armand Salacrou, "Bibliothèque d'esthétique", Flammarion, 1959.

BARTFELD Fernande, *L'Effet tragique. Essai sur le tragique dans l'oeuvre de Camus*. Prefácio de Jaqueline Lévi-Valensi, Champion-Slatkine, Paris-Genebra, 1988.

BARTFELD Fernande, "Le théâtre de Camus, lieu d'une écriture contrariée", em *Albert Camus et le théâtre*, op. cit.

COOMBS Ilona, *Camus, homme de théâtre*, Nizet, 1968.

FREEMAN Edward, *The Theatre of Albert Camus. A Critical Study*, Methuen & Co, Londres, 1971.

GAY-CROSSIER Raymond, *Les Envers d'um échec. Étude sur le théâtre d'Albert Camus*, coleção "Bibliothèque des lettres modernes", Minard, 1967.

GRENIER Roger, *Albert Camus. Soleil et ombre. Une biographie intelectuelle*, Gallimard, 1987; Folio, 1991.

LEBESQUE Morvan, *Camus par lui-même*, coleção "Écrivains de toujours", Le Seuil, 1963.

LEBESQUE Morvan, "La passion pour la scène", em *Albert Camus*, coleção "Génies et réalités", Hachette, 1964.

LÉVI-VALENSI Jacqueline, *Les Critiques de notre temps et Camus*, Garnier, 1970.

MELCHINGER Siegfried, "Les éléments baroques dans le théâtre de Camus", em *Albert Camus, configuration critique,* "La Revue des Lettres modernes", n° 4 da série *Albert Camus*.

QUILLIOT Roger, *La Mer et les Prisons. Essai sur Albert Camus*, Gallimard, 1956.

TODD Olivier, *Albert Camus, une vie,* "NRF Biographies", Gallimard, 1996.

TRUCHET Jaques, *"Huis-clos et L'État de siège*, signes avant-coureurs de l'anti-théâtre", em *Le Théâtre moderne*, II, CNRS, 1967.

Assinalamos também o número da revista *L'Avant-Scène* dedicado a Albert Camus, *"Revolte dans les Asturies", "L'État de siège" et richesses théâtrales d'Albert Camus*, n°s 413–414, 1°–15 nov. de 1968.

Obras gerais

BEIGBEDER Marc, *Le Théâtre en France depuis la Libération*, Bordas, 1959.

SURER Paul, *Le Théâtre français contemporain*, SEDES, 1964.

Este livro foi composto na tipografia
Minion Pro, em corpo 11/16,5, e impresso em
papel off-white no Sistema Digital Instant Duplex
da Divisão Gráfica da Distribuidora Record.